Jürgen Engel / Johanna Niklaus / Wolfgang Rieß /
Christiane Sahlender

Gottes Weisungen verstehen

Die Zehn Gebote in Freiarbeit erlernen

Mein bestell dir
ISBN 3-460-82467-8
Lehrerbuch: ISBN 3-460-32465-6

Auer Verlag GmbH

Würfel, Karton, Ereigniskarten, Schachteln, Stempel u.v.m. findet sich im Verlag für Lehrmittel und pädagogische Spielwaren, www.vls-verlag.de

Gedruckt auf umweltbewusst gefertigtem, chlorfrei gebleichtem
und alterungsbeständigem Papier.

1. Auflage. 2005
© by Auer Verlag GmbH, Donauwörth
Alle Rechte vorbehalten
Fotos: Archiv
Satz: Fotosatz H. Buck, Kumhausen
Druck und Bindung: Ludwig Auer GmbH, Donauwörth
ISBN 3-403-04262-6

Inhalt

Vorwort

Freiarbeit macht Spaß. Nicht nur die Schülerinnen und Schüler können sich bei dieser Arbeitsform entsprechend ihren Interessen und Fähigkeiten ein Stoffgebiet aneignen. Auch die Lehrkraft wird nach dem anfänglichen Aufwand der Vorbereitung durch Freiarbeit bereichert, sobald die Schülerinnen und Schüler mit Neugierde und Kreativität die einzelnen Teile bearbeiten. Allen kann das freie Arbeiten immer wieder einen Motivationsschub schenken. Lernen und Lehren setzt damit gleichermaßen Energien frei, die das gemeinsame Arbeiten im Religionsunterricht erfolgreich machen.

Ebenso fördert Freiarbeit die Kreativität bei der alltäglichen Unterrichtsgestaltung. Wer sich in die Schüler hineindenkt und den Unterricht so gestaltet, dass diese selbstständig arbeiten können, kommt fast wie von selbst auf neue Ideen. Er oder sie macht sich auf Entdeckungsreise in die Gedanken- und Lebenswelt der Schüler und versucht sich vorzustellen, wie selbstständige Lernprozesse bei ihnen in Gang kommen können.

Lehrer/innen, die sich Raum und Zeit lassen bei der eigenen Unterrichtsvorbereitung, werden mit freier Arbeit kreative Begegnungen mit Schülern und mit dem jeweiligen Thema erreichen. Deshalb lohnt es sich, den anfänglichen höheren Aufwand in Kauf zu nehmen.

Freiarbeit und die Zehn Gebote – mit den vorliegenden Stationen liegt ein Ergebnis aus einer solchen Entdeckungsreise vor. Die einzelnen Stationen sind so aufbereitet, dass die Lehrer/innen die Zehn Gebote mit ihrem Leben und ihrem Alltag verknüpfen können. Sie sind für die 4. bis 6. Jahrgangsstufe konzipiert. Die Beschäftigung mit den Zehn Geboten findet sich sowohl in den Grundschullehrplänen als auch in der Sekundarstufe I beider Konfessionen. Das Thema ist so aufbereitet, dass es mit vielen Sinnen erfasst werden kann. Denn gerade die Zehn Gebote sind nicht nur dazu da, einfach gelernt zu werden. Schließlich sollen sie ins eigene Leben übertragen werden. Dazu eignet sich die Form der Freiarbeit besonders gut.

Bibeltheologische Vorüberlegungen

Der Dekalog des Alten Testaments ist ein einzigartiger Text. Kein Gesetz der Welt – weder ein weltliches noch ein religiöses – hat eine vergleichbare Wirkungsgeschichte. Für die jüdische Überlieferung ist der Dekalog der Inbegriff der Tora als der göttlichen Offenbarung. Thomas Mann beschreibt die Zehn Gebote als „Grundanweisung und Fels des Menschenanstandes unter den Völkern der Erde". Und so ist es verständlich, dass die Lehrpläne der 4. – 6. Jahrgangsstufe, diesen biblischen Text als Thema aufnehmen.

Um den Dekalog richtig zu verstehen, müssen einige bibeltheologische Hintergründe dargestellt und erläutert werden.
Der Dekalog (griech. „Zehnwort") ist im Alten Testament zweimal überliefert: im Buch Exodus Kapitel 20 und im Buch Deuteronomium Kapitel 5. Zwar bilden die Zehn Gebote eine Gebotsreihe, die wie andere Gebotsreihen zunächst für sich bestand, aber später wurde sie in die Erzählungen von Gott und seinem Volk aufgenommen. Richtig würdigen lässt sich der Dekalog nur dann, wenn man ihn in dem Kontext belässt, in den ihn die biblischen Schriftsteller hineingestellt haben.

Im Buch **Exodus**

- durchzieht das befreite Volk Israel die Wüste und kommt an den Sinai. Bisher hatte sich Jahwe nur dem Mose geoffenbart, als der „Ich-bin-der-ich-bin-da". Jetzt will sich Gott dem ganzen Volk gegenüber unmittelbar offenbaren. Seine Macht hatten die Israeliten schon in der Rettung am Schilfmeer erfahren. Doch die Offenbarung seines Willens und Wesens steht noch aus.
- will Gott mit dem Volk Israel einen Bund schließen und es zu seinem besonderen Eigentum und zu freien Partnern machen. Unter Blitz, Donner, Feuer, Erdbeben und Hörnerschall (Theophanie), die die Israeliten erschauern und erzittern lassen, lässt sich Jahwe auf dem Sinai nieder. Dann verkündet er die Zehn Gebote.
- ist von allen am Sinai erlassenen Gesetzen nur der Dekalog in direkter Rede an das Volk Israel gerichtet. So offenbart sich Gott selbst und ruft das Volk zur Freiheit in Erinnerung an die Befreiung aus der Knechtschaft.
- bekommt das Volk Angst, nachdem Gott das zehnte Gebot verkündet hat. Die Israeliten bitten Mose „Gott soll nicht mit uns reden, rede du mit uns" (Ex 20, 18f). Ab jetzt spricht Gott nur noch durch Mose zum Volk.
- kehrt Mose in das Wolkendunkel zurück und empfängt eine große Anzahl von Einzelgesetzen. Erst kurz vor seinem Abstieg erhält er die von Gott selbst geschriebenen Steintafeln mit dem Text der Zehn Gebote.
- hat sich das Volk inzwischen von dem sich offenbarend-verborgenen Gott abgewandt und dem vorzeigbar-geschaffenen Bild eines goldenen Kalbes zugewandt. In den Tafeln sollte die gesprochene Gegenwart Gottes sichtbar besiegelt werden. Als Zeichen des Bruchs zerbricht Mose die Tafeln und zerschmettert die Zeichen der Verbindung mit Gott.
- können die zerbrochenen Tafeln die Bundeszusage Gottes nicht aufheben, weil die Zehn Gebote bereits gesprochen und gehört wurden. Mose wird beauftragt, neue Tafeln zu schlagen, beschriften kann er sie allerdings nicht. Denn die Worte sind nach wie vor Worte Gottes, Worte ohne Mittler. Diese Zweitschrift wird später zur Aufbewahrung in die Bundeslade gelegt.

Im Buch **Deuteronomium** finden wir die zweite Fassung der Zehn Gebote. Es enthält im Wesentlichen eine Reihe von Abschiedsreden des Mose kurz vor seinem Tod. Die Zehn Gebote werden wie im Buch Exodus als unmittelbare Gottesrede verstanden und setzen sich so von den übrigen Gesetzen ab. Zwar gibt es zwischen beiden Versionen des Dekalogs eine Reihe von exegetisch interessanten Abweichungen, aber keine fundamentalen Unterschiede.

Zusammenfassend lassen sich die Zehn Gebote verstehen als der Versuch Israels, die Befreiungserfahrung nicht versanden zu lassen, sondern lebendig zu erhalten. Es geht um die Verwirklichung einer Gesellschaft, die aus dieser Befreiung lebt, einer Gesellschaft, in deren Mitte Gott selbst lebendig und befreiend Wohnung nehmen kann. Wer von den Zehn Geboten spricht, muss beide Spannungspole im Blick behalten, die Befreiungserfahrung und die sittliche Forderung.

Religionspädagogische Einsichten

Folgende religionspädagogische Einsichten sind als Basis für die vorliegenden Stationen wichtig:

1. **„Vor"** den Geboten steht die Erfahrung der Befreiung aus der ägyptischen Knechtschaft. Daraus ergibt sich ein wichtiger theologischer Grundsatz: Die Zusage Gottes an den Menschen steht vor dem sittliche Anspruch (vgl. Station 2, 7, 9).
2. **„Hinter"** den Zehn Geboten steht eine religiöse Erfahrung. Jahwe wendet sich an das Volk Israel in Form einer unmittelbaren Gottesrede. Dadurch erhalten die Gebote einen besonderen Stellenwert. Dieser Grundsatz entstand aus der Befreiungserfahrung Israels selbst (vgl. Station 10).
3. Jahwe selbst offenbart sich in den Zehn Geboten als ein Gott, dem das Leben der Menschen am Herzen liegt. Dahinter verbirgt sich ein **Gottesbild**, das den Menschen ihre freie Wahl lässt. Die Gebote verstehen sich also nicht als Anweisungen, denen sich der Mensch zu unterwerfen hat. Sie sind vielmehr Ausdruck einer unwiderruflichen Liebe Gottes zu den Menschen (vgl. Station 3, 12).
4. Die Gebote sind keine Kindermoral. Sie wenden sich an Erwachsene, aber nicht in Form einengender Verhaltensvorschriften, sondern als **Hilfen zu einem gelingenden Leben**. Die Antwort des Menschen auf die unbedingte Zusage Gottes kann daher nicht im bloßen Übernehmen und Befolgen der Zehn Gebote liegen. Vielmehr sollen sie den Menschen unterstützen, eine Antwort auf die eigenen Lebensfragen zu finden, die innerhalb der Heilszusage Gottes für alle Menschen liegt. Die Schülerinnen und Schüler sollen mit ihnen üben, wie sie sich in bestimmten Lebenssituationen so entscheiden können, dass ihr Leben gelingt (vgl. Station 4, 5, 6, 13).
5. In diesem Sinne ist auch das dreifache Gebot der **Gottes-, Nächsten- und Selbstliebe** zu verstehen. Es zeigt den **Horizont** an, auf den hin alle anderen Gebote abzielen. Zusammen mit der Goldenen Regel bildet es letztlich den **Kern**, auf den alle ethischen Entscheidungen im Alltag überprüft werden können (vgl. Station 6, 8, 11).
6. Die Zehn Gebote sind nicht in dem Sinne vollständig, dass sie alle sittliche Forderungen enthalten. Wenn aber die hinter den Geboten stehenden **„Werte"** gesehen werden, ist der Geltungsbereich der Gebote weit umfassender, und diese können als Basis einer grundlegenden Moral betrachtet werden (vgl. Station 1, 14).

Bemerkungen zur Freiarbeit

1. Begriffsbestimmung

In einem sehr allgemeinen Sinn ist mit Freiarbeit ein abgegrenzter schulischer „Zeitraum" gemeint, in dem die Lernenden eigene Entscheidungen treffen dürfen. Sie wählen nach den eigenen Lernbedürfnissen in einer Lernlandschaft aus einem Angebot von Lernmöglichkeiten aus und machen sich so auf ihren eigenen Lernweg. Dabei sind Aufgaben und Material so angelegt, dass die Schüler/innen selbst nachprüfen können, ob sie die Aufgaben richtig gelöst haben (Selbstkontrolle).

Der Umfang dieser Arbeit variiert in den unterschiedlichen Konzepten sehr stark, von gelegentlichem Einsatz über ein bis zwei Stunden pro Woche bis zu zwei Stunden und mehr täglich. Die Arbeitsmittel werden von der Lehrerin/vom Lehrer für die Lernbedürfnisse der Kinder vorbereitet und eingeführt. Sie erlauben Einzel- Partner- und/oder Gruppenarbeit.

Entsprechend den in den verschiedenen Konzepten festgelegten Schwerpunkten haben sich auch unterschiedliche Bezeichnungen ergeben, z.B.:

- Freiarbeit
- Freie Arbeit
- Freie Stillarbeit
- Stationenarbeit
- Materialgeleitetes Lernen
- Lernzirkel
- Wochenplanarbeit

2. Historische Einordnung

Der Begriff „Freiarbeit" entstammt der Reformpädagogik. Besonders drei Pädagogen haben in je unterschiedlicher Weise Formen der freien Arbeit in ihrem Gesamtkonzepten umgesetzt:

Peter Petersen (1881 – 1952) hatte in seiner „Jena-Plan"-Schule Jahrgangsklassen und Fachunterricht zugunsten altersübergreifendem „Gruppenunterricht" und einem Kurssystem aufgelöst. In Phasen der „freien Arbeit stand das selbstständige „forschend-entdeckende Lernen" der Kinder im Vordergrund.

Célestine Freinet (1896 – 1966) sah, ohne den Begriff freie Arbeit zu verwenden, in dem von allen Schülern gemeinsam geplanten „Wochenplan" immer Zeiten für völlig selbständiges Arbeiten der Schüler vor.

Maria Montessori (1870 – 1952) entwickelte besonderes Lernmaterial für Kinder, das von diesen frei bearbeitet werden konnte. Einer ihrer Leitsätze für Kinder war „Hilf mir, es selbst zu tun."

3. Ziele, Chancen und Anforderungen

Es ist wichtig, sich bei ersten Versuchen mit Freiarbeit nicht einseitig die Ziele und Chancen euphorisch auszumalen, sondern auch die Anforderungen an Lehrer und Schüler klar in den Blick zu nehmen und sich ihnen zu stellen. Nur wer bereit ist, diese Anforderungen für sich selbst ernst zu nehmen und sie den Schülern auch zu vermitteln, sollte mit der Freiarbeit beginnen.

Zentrale Zielsetzungen der Freiarbeit – Sie will

- den Schüler/innen Spielräume eröffnen und ihnen Entscheidungen zumuten (Selbstmotivation)
- das Engagement der Schüler/innen und ihre persönlichen Fähigkeiten herausfordern (Individualisierung)
- möglichst viele Fähigkeiten der Schüler/innen und möglichst alle Sinne ansprechen (Ganzheitlichkeit)
- die praktischen Fähigkeiten der Schüler/innen und ihre Gefühle in den Unterrichtsprozess einbeziehen (Handlungsorientierung und Emotionalität)
- die Schüler/innen durch erlebnis- und handlungsorientiertes Arbeiten auch zu neuen Erkenntnissen und Einsichten führen
- durch Einzel-, Partner-, Gruppenarbeit und Kreisgespräch die soziale Dimension des Lernens ernst nehmen
- durch Auswahl zentraler Aspekte die Bedeutung exemplarischen Lernens aufzeigen
- die Aktualität eines Themas dadurch verdeutlichen, dass neben historischen auch existentielle Dimensionen erfahrbar werden

Chancen und Anforderungen an die Lehrer/innen
Lehrer/innen, die Freiarbeit im Religionsunterricht einsetzen, sollten

- überzeugt sein von der pädagogischen Bedeutsamkeit der zentralen Zielsetzungen dieser Arbeit
- bereit sein zum Rollenwechsel – weg vom traditionellen Lehrerbild hin zum Lernhelfer
- Zutrauen haben in die eigene Kreativität, besonders in der Vorbereitung und Erstellung der Stationen und Materialien
- bereit sein, zunächst mehr Zeit als bisher für die Unterrichtsvorbereitung einzusetzen, um später auch wieder Entlastung zu erfahren
- Vertrauen in ihre Schüler/innen haben
- bereit sein, das Klassenzimmer umzugestalten

Chancen und Anforderungen an die Schüler/innen
Freiarbeit

- ermöglicht und fördert Entscheidungsfähigkeit und selbstständiges Handeln
- vermittelt Freude am Tun und macht Spaß
- lässt eigene Kräfte entdecken
- stärkt Partnerschaftlichkeit und Solidarität unter den Schüler/innen
- erfordert Einsicht in den Sinn von Regeln
- erfordert Durchhaltevermögen, besonders um eine begonnene Arbeit zu Ende zu führen

4. Grenzen und Probleme

Freiarbeit scheint dort am besten zu funktionieren, wo der „normale" Unterricht bereits von Elementen wie Morgenkreis, kreativer Unterrichtsgestaltung, Projektunterricht, Unterrichtsgängen, aktivem Schulleben u.ä. geprägt ist. Wenn Freiarbeit in scharfem Kontrast zu ganz überwiegend traditionellem Unterricht steht, können die Schüler die Möglichkeiten Freien Arbeitens oft nicht verstehen. Freiarbeit setzt somit ein freiheitliches Konzept der Schule voraus. Religionslehrer, die Freiarbeit in ihrem Unterricht einsetzen möchten, müssen also die Gesamtsituation der Schule in ihre Überlegungen einbeziehen.
Weitere Probleme ergeben sich für den Religionsunterricht durch seine Struktur als Fachunterricht mit zwei verschiedenen Stunden. Um in diesem Rahmen Freiarbeit einsetzen zu können, bedarf es besonders intensiver Planung. Freiarbeit kann dann gelingen, wenn

- klar geregelt ist, wie das Klassenzimmer zügig und ruhig umgestellt wird
- die Materialien in nummerierten Kästchen schnell bereitgestellt werden
- Anfang und Ende der Arbeit mit den Schülern klar vereinbart ist
- die Schüler wissen, wo sie ihre „Zwischenergebnisse" (halbfertige Stationen) ordentlich ablegen können.

Ein früher gelegentlich geäußerter Einwand gegen die Freiarbeit ist heute nur noch historisch interessant. Er führt aber dennoch zu einer wichtigen Frage. Der Einwand lautete zusammengefasst so: Freiarbeit im Religionsunterricht ist problematisch, weil durch diese unterrichtliche Arbeitsweise die Grundstruktur der christlichen Glaubensvermittlung überdeckt wird. Das Wort Gottes wurde nach dieser Auffassung in Predigt und Katechese verkündet und nicht in Freier Arbeit selbst gestaltet. Dieser Einwand geht aus von einem so nicht haltbaren Konkurrenzverhältnisse von menschlichem und göttlichem Tun und ist überholt. Aber er führt doch zu der legitimen Frage, welche Inhalte des Religionsunterrichts sich für die Freiarbeit eignen und für welche Inhalte andere Unterrichtsformen, z.B. das Erzählen oder das Lehrer-Schüler-Gespräch, angemessener sind.

5. Freiarbeit als Sozialform

In der Begriffsbestimmung und der historischen Einordnung wurde die Freiarbeit als eine eigenständige und neue Unterrichtsform dargestellt. Es gibt aber auch schon im traditionellen „gebundenen" Unterricht eine Art „Vorform" der Freiarbeit, das ist die „arbeitsteilige Einzel-, Partner- oder Gruppenarbeit." Während sie im normalen Unterricht aber meist nur kurze Zeit dauert, könnte man Freiarbeit dagegen als „längerfristige Einzel-, Partner- oder Gruppenarbeit" bezeichnen. Freiarbeit und traditioneller Unterricht liegen in dieser Sicht nicht so weit auseinander.

Noch aus einem anderen Grund ist es sinnvoll, Freiarbeit und „gebundenen" Unterricht nicht zu sehr auseinander driften zu lassen. Freiarbeit wird oft einseitig auf die Arbeit an Stationen oder mit Materialien verkürzt. Es wird zu wenig gesehen, dass Hinführung zum Thema, Absprache der Regeln, Zwischenauswertungen, Endauswertung und Präsentation der Ergebnisse wesentlich zur Freiarbeit dazugehören. Bei genauerem Hinschauen zeigt sich Freiarbeit als eine besondere Kombination unterschiedlicher Sozialformen. Der Stuhlkreis der Gesamtklasse muss als wesentliches Element der Freiarbeit gesehen werden. Erst wenn die Arbeit an den Materialien und Stationen mit dem, was im Stuhlkreis passiert, als größere Einheit gesehen wird, gelangt man zu einer angemessenen Sicht der Freiarbeit. Es leuchtet ein, dass diese Sicht für den Religionsunterricht von besonderer Bedeutung ist.

6. Grundstruktur der Freiarbeit

Motivierende Hinführung zum Thema	Stuhlkreis
Vorstellung der neuen Unterrichtsform, Vereinbarung der Regeln Bevor Schüler/innen mit der Freien Arbeit beginnen, sollten sie wissen und verstehen, wie sich diese Unterrichtsform von anderen Formen unterscheidet. Je nachdem, ob sie diese Form aus den anderen Unterrichtsfächern bereits kennen, ist eine der Situation angemessene Einführung der Schüler/innen sehr wichtig. Eine Liste mit den wichtigsten Regeln der Freien Arbeit kann dabei eine Hilfe sein.	Stuhlkreis
1. Runde der Arbeit an den Stationen/Materialien	Einzel-, Partner- oder Gruppenarbeit
1. Zwischenauswertung, z.B. am Ende einer Stunde	Stuhlkreis
2. Runde der Arbeit an den Stationen/Materialien	Einzel-, Partner- oder Gruppenarbeit
Zwischen- oder Endauswertung	Stuhlkreis
Präsentation der Ergebnisse Die Präsentation der Arbeitsergebnisse ist für das Konzept der Freien Arbeit sehr bedeutsam. Das Engagement der Schüler für das Gelingen ihrer Arbeiten wird dadurch verstärkt. Wertschätzung durch andere lässt die Schüler ihre eigenen Arbeitsergebnisse wertschätzen. Die konkrete Verwirklichung muss sich an den örtlichen Gegebenheiten orientieren. Als Präsentationsformen eignen sich z.B.: • Arbeitsmappen der Schüler/innen • gebundene Klassenmappe oder -buch • Schaukasten/Vitrine • Wandzeitung/Pinnwand innerhalb oder außerhalb des Klassenzimmers • Ausstellung im Schulgebäude, im Vorraum der Pfarrkirche oder im Schaufenster eines örtlichen Geschäftes oder einer Bibliothek. Für eine Ausstellung können die Schüler schön gestaltete kleine Kärtchen schreiben, die eine kurze Erklärung enthalten.	Einzel-, Partner- und Gruppenarbeit

Vorbereitungen für die Freiarbeit

Klassenzimmergestaltung

Ein Klassenzimmer, in dem Freie Arbeit praktiziert werden soll, muss für vier Aktivitätsbereiche einen geeigneten Platz vorsehen, und zwar für die

- gemeinsame Vorbereitung und Auswertung der Freien Arbeit in der Großgruppe (Sitzkreis),
- Arbeit an den Arbeitsstationen (Arbeitstische mit ein bis drei Plätzen),
- Aufbewahrung der (Zwischen-)Ergebnisse (Regale, Körbe. oder: Aufbewahrungsboxen, Bestellnummer 13001, VLS-Verlag, Donauwörth, s. www.vls-verlag.de),
- Präsentation der Arbeitsergebnisse, auch außerhalb des Klassenzimmers (z.B. Schaukasten).

Die Skizze zeigt eine mögliche Gestaltung des Klassenzimmers:

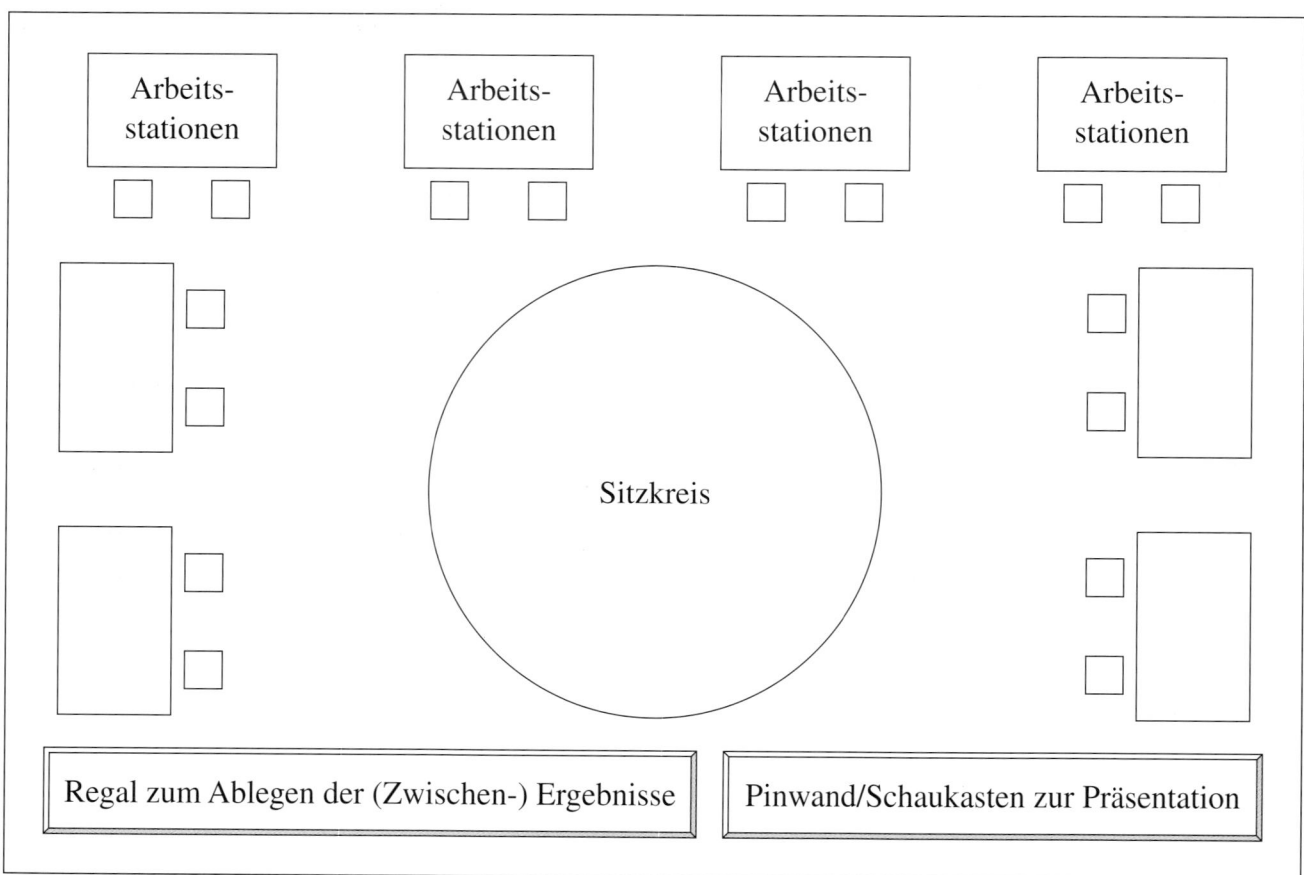

Sollte in einer Klasse die Umgestaltung nicht möglich sein, läßt sich die Freie Arbeit zur Not auch in einem traditionell eingerichteten Klassenzimmer realisieren. Ehe aber vorschnell auf diese Notlösung zurückgegriffen wird, sollte alles versucht werden, um die skizzierte Umgestaltung zu verwirklichen. Voraussetzungen dafür sind, dass

- der Lehrer davon überzeugt ist, dass die „äußere" Gestaltung zur Freien Arbeit innerlich dazu gehört und das Klima wesentlich prägt,
- die Schüler angeleitet werden, planvoll und in Ruhe die Umordnung vorzunehmen (Skizze an die Tafel zeichnen oder als Folie einsetzen),
- der Lehrer eine praktikable Lösung für die Sammlung der (Zwischen-)Ergebnisse findet (z.B. Rückgriff auf vorhandene Regale oder die Hilfe des Hausmeisters).

Aufbau der Stationen

Zentrales Element jeder Station ist das **Stationenblatt** mit der Beschreibung der Station für die Hand der Schüler. Es hat folgenden Aufbau:

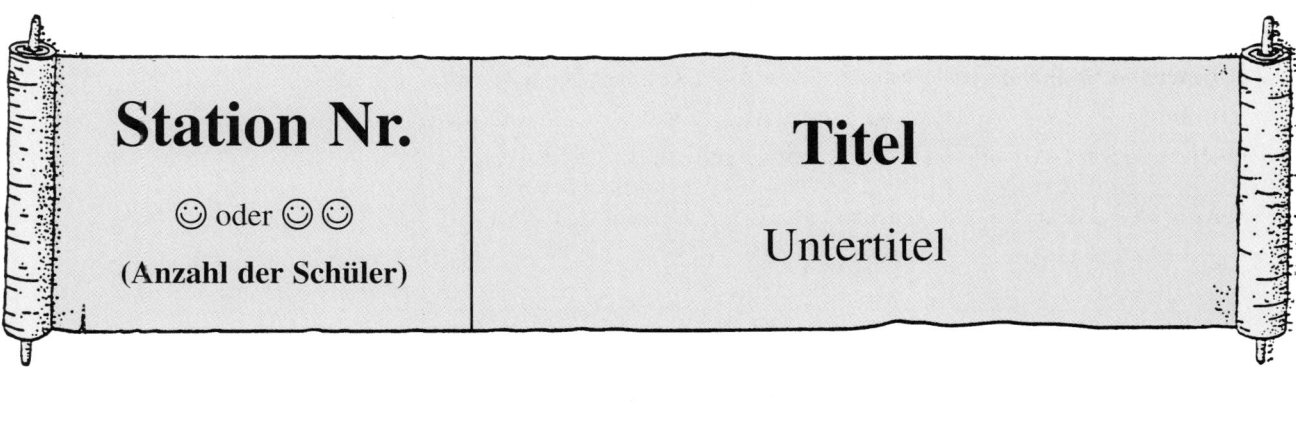

Station Nr. ☺ oder ☺ ☺ **(Anzahl der Schüler)**	Titel Untertitel

☞ **Darum geht's:**

 **So kannst du vorgehen:**

✏ **Das benötigst du:**

Nach jedem Stationenblatt folgen weitere Blätter mit – je nach Station – unterschiedlichen Inhalten: z.B.

⇨ Informations- und Textblätter zur Lektüre und teilweise zur Bearbeitung
⇨ Kärtchen und andere Materialien zur Arbeit mit der Station
⇨ Ausschneide- und Bastelbögen
⇨ Arbeitsblätter zur Bearbeitung und Ablage in der Stationenmappe der Schüler

Bei einzelnen Stationen finden sich auch Bastelanleitungen für die Hand der Lehrer. Sie dienen der Erstellung der für die Station benötigten „Werkzeuge"

Zeitlicher Planungsraster zur Durchführung

Inhalt	Sozialform	Zeit-bedarf
1. Einführungsstunde: **Versteckt im Wüstensand** Kinder entdecken die Zehn Gebote *Ziel dieser Einführungsstunde ist es, die Schüler/innen an das Thema der Freiarbeit heranzuführen und sie für das Thema zu motivieren.*	Stuhlkreis	1 UE
2. Einführungsstunde: **Freiarbeit – was ist das?** Schüler/innen erhalten Informationen zum Inhalt und Verlauf der Freiarbeit • Überblick über die Stationen • Regeln für die Freiarbeit • Laufzettel *Bevor Schüler/innen mit der Freien Arbeit beginnen, sollten sie wissen und verstehen, wie sich diese Unterrichtsform von anderen Formen unterscheidet. Je nachdem, ob sie diese Form aus den anderen Unterrichtsfächern bereits kennen, ist eine der Situation angemessene Einführung der Schüler sehr wichtig. Eine Liste mit den wichtigsten Regeln der Freien Arbeit kann dabei eine Hilfe sein.*	Stuhlkreis	1 UE
1. Runde der Arbeit an den Stationen	Einzel-, Partner- oder Gruppenarbeit	2 – 3 UE
Zwischenauswertung *Zwischenauswertungen sollten immer wieder die Arbeit an den Stationen unterbrechen. Sie dienen dazu Ergebnisse der Schüler/innen vorzustellen und zu würdigen. Außerdem können aufgetauchte Probleme bei der Arbeit an den Stationen besprochen werden.*	Stuhlkreis	1 – 3 UE
2. Runde der Arbeit an den Stationen	Einzel-, Partner- oder Gruppenarbeit	2 – 3 UE

Inhalt	Sozialform	Zeit-bedarf
Abschluss **Unsere Klasse schließt einen Bund** *Gemeinschaftsarbeit mit den „Bundesblättern", die von den Schülern in der Station 7 erstellt worden sind.*	Stuhlkreis	1 UE
Präsentation der Ergebnisse *Die Präsentation der Arbeitsergebnisse ist für das Konzept der Freien Arbeit sehr bedeutsam. Das Engagement der Schüler/innen für das Gelingen ihrer Arbeiten wird dadurch verstärkt. Wertschätzung durch andere lässt die Schüler/innen ihre eigenen Arbeitsergebnisse wertschätzen. Die konkrete Verwirklichung muss sich an den örtlichen Gegebenheiten orientieren. Als Präsentationsformen eignen sich z.B.:* • *Arbeitsmappen der Schüler/innen* • *gebundene Klassenmappe oder -buch* • *Schaukasten/Vitrine* • *Wandzeitung/Pinnwand innerhalb oder außerhalb des Klassenzimmers* • *Ausstellung im Schulgebäude, im Vorraum der Pfarrkirche oder im Schaufenster eines örtlichen Geschäftes oder einer Bibliothek. Für eine Ausstellung können die Schüler schön gestaltete kleine Kärtchen schreiben, die eine kurze Erklärung enthalten.*	Einzel-, Partner- und Gruppenarbeit	UE nach Bedarf
Gebote-Quiz *Das Quiz kann* • *zwischendurch für schnelle Schüler/innen bereit liegen* • *als Fundus für eine Lernzielkontrolle dienen*		

Checkliste zur Vorbereitung der Stationen

Auf den ersten Blick wirkt diese Checkliste aufgrund ihres Umfangs und der erforderlichen Zeit und Energie vielleicht abschreckend. Wir möchten Sie aber einladen, die Zeit der Vorbereitung als fruchtbare Zeit anzusehen, da sie Lehrerinnen und Lehrern die Möglichkeit bieten, mit den Stationen vertraut zu werden. Erst die Vertrautheit mit den Stationen versetzt in die Lage, Schülerinnen und Schüler bei der Freiarbeit angemessen zu begleiten. Aus diesem Grunde sollten Sie nach den Vorbereitungen auch möglichst viele Stationen selbst ausprobiert haben.

Allgemeine Vorbereitung

- Die 15 Stationenblätter kopieren und laminieren oder durch eine Folie schützen.
- Die Pflichtstationen festlegen.
  Je nach Jahrgangsstufe, den Schwerpunkten des Lehrplans und dem Themenplan der Lehrkraft werden die Pflichtstationen festgelegt. Die Erfahrung zeigt, dass etwa ein Drittel der Stationen als Pflichtstationen bestimmt werden sollten. Dazu werden auf dem Überblicksblatt und auf den Stationenblättern die entsprechenden Stationen mit einem × gekennzeichnet. Zusätzlich zu den Pflichtstationen sollten die Schüler (mindestens) zwei weitere Stationen selbst auswählen und auf ihrem Laufzettel mit einem ♥ kennzeichnen.
- Für die Stationen, an denen gemalt oder gebastelt wird, an einem festen Ort einen Fundus der benötigten Materialien bereit legen, z.B.:
  ⇨ Scheren
  ⇨ Kleber
  ⇨ Farben
  ⇨ Malstifte

1. Einführungsstunde: Zerbrochen im Wüstensand

- Die vorgeschlagene Lehrererzählung „Zerbrochen im Wüstensand" durchsehen und evtl. verändern
- Die benötigten Materialien (großes Tuch, Sand, Steine, Dornenzweige, evtl. Gestalt des Mose als Egli-Figur usw.) besorgen
- Vor Beginn der Stunde mit den Materialien eine Wüstenlandschaft gestalten und abdecken
- Die Zehn Gebote als zerbrochene Tafeln gestalten:
  ⇨ entweder in Form von Tonscherben, in die vor dem Zerbrechen die Gebote eingeritzt wurden
  ⇨ oder als zerschnittene Papierteile (vgl. Kopiervorlage)
- Liedblatt kopieren oder als Folie brennen
- Arbeitsblatt kopieren

2. Einführungsstunde: Freiarbeit – was ist das?

- Lied vorbereiten
- Pflichtstationen fest legen und Überblicksblatt und Stationenblätter kennzeichnen. Die Station 7 sollte immer als Pflichtstation festgelegt werden, da die Bundesblätter dieser Station für die Abschlussstunde benötigt werden.
- zeitlichen Planungsraster konkretisieren
- Klassenzimmergestaltung planen

16

- Kopieren:
  - ⇨ Überblick über die Stationen
  - ⇨ Regeln für die Freiarbeit
  - ⇨ Laufzettel für die Schüler/innen
  - ⇨ Deckblatt für eine Stationenmappe

Station 1: Mit der „Dekalog" auf großer Fahrt – Inselspiel

- Ein großes blaues Tuch (ca. 1,5 x 1,5 m), einen Holzkeil (ca. 8 x 8 x 20 cm), 10 Holzscheiben (ca. 5 cm Durchmesser und 1–2 cm Stärke), 10 Schaschlikspieße, 2 Würfel, 10 kleine Schlüsselringe besorgen
- Das Schiffsmodell konstruieren:
  - ⇨ einen Holzkeil so bearbeiten, dass die Rumpfform eines Schiffes entsteht
  - ⇨ in die Oberseite des Rumpfes zehn kleine Löcher bohren. Die Löcher sollten so dick sein, dass Schaschlikspieße darin gut festgesteckt werden können.
  - ⇨ Holz zum Schutz einlassen
  - ⇨ Evtl. Schiff beschriften mit dem Namen „Dekalog"
- Die Inseln vorbereiten:
  - ⇨ Evtl. 10 Holzscheiben (ca. 5 cm Durchmesser und 1–2 cm Stärke) zuschneiden
  - ⇨ Holzscheiben zum Schutz einlassen
- Die Segel vorbereiten:
  - ⇨ Zeichen für die Segel aus der Anlage kopieren und ausschneiden
  - ⇨ auf 10 Schaschlikspieße aufstecken
- Nummernkärtchen, Aufgabenkarten, Spielregel und Lösungsblatt auf stärkeres Papier kopieren und laminieren

Station 2: Zoff bei Familie Benz – Rollenspiel und Bastelarbeit

- Das Rollenspiel „Zoff bei Familie Benz" in dreifacher Ausführung kopieren
- Die Bastelvorlage für jeden Schüler kopieren, nach Möglichkeit farbig
- Die Bastelanleitung auf die Rückseite des Stationenblattes kopieren

Station 3: Versteckte Gebote – Legespiel mit Holzklötzchen

- 33 Holzquader (Größe: mindestens 3 x 8 x 1 cm) besorgen (z.B. in einem Hobbymarkt)
- Die farbigen Kopiervorlagen ausschneiden und auf die Holzquader aufkleben
- Zum Schutz der Kopiervorlagen die Holzquader mit Folie überkleben

Alternativen:
- farbige Kopiervorlagen laminieren und ausschneiden
- Vorlagen auf dicken Karton kleben, ausschneiden und mit Folie überkleben

Station 4: Lass dich nicht einschüchtern! – Lottospiel

Je nach Klassengröße sind bis zu fünf Lottospiele mit Antwortkärtchen vorzubereiten:

- Zeichnung vom Goldenen Kalb als Rückseite möglichst auf gelben Papierkarton kopieren.
- Lottofeld als Vorderseite auf dasselbe Papier kopieren, ausschneiden und zwecks größerer Haltbarkeit laminieren.
- Mandala als Lösungshilfe vorzugsweise auf roten Papierkarton kopieren.
- Die neun Antwortkärtchen passend auf die Kehrseite kopieren, das Papier laminieren und anschließend erst ausschneiden, damit das Mandala zur Lösung ohne Zwischenräume zusammengesetzt werden kann.

Station 5: Wer sagt die Wahrheit? – Detektivspiel

- Die Grundblätter laminieren
- Die Blätter mit der Geschichte zurechtschneiden
- Auf die Rückseiten der Geschichte die Lösungen kopieren oder kleben
- Die Blätter mit der Geschichte laminieren
- 16 weiße und schwarze Mühlesteine besorgen

Station 6: Die goldene Regel – Gleichgewichtstraining mit einer Waage

- Je 12 transparente und 12 schwarze Filmdöschen, eine Balkenwaage und feinen Sand (z.B. Vogelsand) besorgen
- Die Filmdöschen paarweise mit Sand füllen. Es sollen dadurch jeweils ein transparentes und schwarzes Filmdöschen gleich schwer werden, so dass 12 Paare entstehen.
- Kopiervorlage für die Filmdöschen kopieren und ausschneiden
- Jedes Paar soll so beschriftet werden, dass auf der Außenseite der transparenten Paardose eine Erwartung an andere und auf der Unterseite der schwarzen Paardose mein passendes Verhalten dazu geklebt werden.
- Die 24 Filmdöschen in eine passende Schachtel stellen

Station 7: Unsere Klasse schließt einen Bund – Gemeinschaftsarbeit

Diese Station besteht aus zwei Teilen.
Im ersten Teil überlegen sich die Schüler/innen ein Versprechen, an das sie sich in der nächsten Zeit halten wollen und gestalten daraus ein „Bundesblatt".

- Kassettenrekorder/CD-Player mit Fantasiereise und Kopfhörer vorbereiten
- Bundesblätter kopieren und an zwei Seiten lochen
- Farben zum Gestalten der Bundesblätter bereitstellen

Der zweite Teil der Station – „Unsere Klasse schließt einen Bund" – wird als Abschlussstunde der Freiarbeit gestaltet.

Station 8: Was ist das wichtigste Gebot?- Puzzle

- Die beiden Vorlagen doppelseitig als ein Blatt kopieren und laminieren.
- die weißen Ränder abschneiden
- die Blätter in kleine Puzzleteile zerschneiden. In je mehr Teile die Blätter zerschnitten werden, desto schwieriger wird das Puzzle.
- evtl. die Puzzleteile mit Folie überkleben
- Arbeitsblätter kopieren

Station 9: Der Sonntagsreporter – Bastelarbeit

- Bastelvorlagen auf weißem Papier kopieren.
- pro Schüler eine Musterbeutelklammer (wie man sie z.B. bei Versandtaschen als Verschluss verwendet), um den Zeiger an der Uhr zu befestigen.
- fertige „Sonntagsuhren" laminieren oder mit Folie bekleben.
- Schüler können ihre „Sonntagsuhr" auch in der eigenen Familie vorstellen

Station 10: Mose spürt die Nähe Gottes – Umrissbild

* Kassettenrekorder/CD-Player mit meditativer Musik und Kopfhörer bereitstellen
* Fantasiereise laminieren
* Umrissbild des Farbholzschnitts „Mose am Sinai" von Thomas Zacharias kopieren
* Malkreiden bereitlegen

Station 11: Die Zehn Gebote als Comics – Ratespiel

* 12 Schachteln, die ineinander gesteckt werden können, besorgen (Ikea!)
* Comics und Vorlage kopieren
* Jede Dose wird nacheinander beklebt:
  * ⇨ auf der Oberseite des Deckels mit der Frage nach dem Gebot (z.B. 1. Gebot?)
  * ⇨ auf der Unterseite des Deckels mit dem dazugehörigen Comic
  * ⇨ auf dem Bodeninneren der dazugehörigen Dose mit dem Wortlaut des dazugehörigen Gebotes (z.B. Du sollst keine anderen Götter neben mir haben.)
* Die elfte Dose wird anders beklebt:
  * ⇨ auf der Oberseite des Deckels mit dem Text „ Meister, welches … wichtigste?"
  * ⇨ auf die Untersite des Deckels mit dem Text „Du sollst den Herrn … selbst."
* In die zwölfte und kleinste Dose wird ein kleines Herz in ein kleines Wattekissen gelegt, das entweder aus roter Pappe selbst hergestellt oder anderweitig besorgt (z.B. Trödel) wurde

Station 12: Ich hab was, was du nicht hast – Würfel- und Gesprächsspiel

* Entweder die leere Spielplanvorlage kopieren (evtl. auf Format DIN A3 vergrößert) und anschließend die Felder zum Vorrücken nach der farbigen Vorlage ausmalen oder den farbigen Spielplan in einem Copyshop auf DIN A3 vergrößert farbig kopieren lassen und den Spielplan danach laminieren.
* Die Spielanleitung ebenfalls farbig kennzeichnen, bevor diese laminiert wird.
* In einen leeren Karton wird seitlich ein Loch geschnitten, so dass eine Kinderhand bzw. die Bildkarten bequem hindurch passen. Ein genügend großer Stoffrest kann als Vorhang die Eingriff-öffnung von innen verdecken. Dazu kann der Stoff mit Heftklammern an den Karton geklammert werden. Auf den Boden des Kartons wird die Lösung (9. und 10. Gebot „Du sollst nicht begehren…") geschrieben.
* Je zwei Würfel, Spielfiguren und Folienstifte für die Mitspieler zur Verfügung stellen.
* Die 24 Ereigniskarten wenn möglich auf blaues Papier kopieren, ausschneiden und laminieren. Danach die eingeschweißten Karten mit einem kleinen Folienrand ausschneiden.
* Für die Bildkarten sollten aus Zeitschriften und Katalogen entsprechende Bilder ausgeschnitten und auf die weißen Karten oberhalb der Kreise aufgeklebt werden. Auch hier die Bildkarten bereits vor dem Laminieren ausschneiden und nachfolgend mit einem kleinen überstehenden Folienrand zuschneiden.

Station 13: Kann man Gebote lieben?

* Schwarz-Weiß-Bild von Ernst Alt „Jude mit Tora" kopieren
* Farbdruck nach Möglichkeit besorgen (in: Folienserie „Dekalog", RPS Medienversand, Leibnizstr. 11, 93055 Regensburg
* Ausmalbild kopieren
* Verse aus Psalm 119 kopieren, (laminierte) Kärtchen herstellen und in einem schön gestaltetem Kästchen bereitstellen.

Station 14: Dichterwerkstatt – Elfchen dichten

- Gedichteblatt und Clubausweis für jeden Schüler (evtl. in Farbe) kopieren
- eine schöne Schreibfeder, Federhalter und (farbige)Tinte besorgen
- Stempel (z.B. mit Smiley oder Feder) und (Siegel-)Wachs zum Besiegeln der Clubausweise bereitlegen
- eine „Dichterlesung" in der Zwischenauswertung vorbereiten

Station 15: Schmökerecke – In Ruhe lesen und malen

- eine ruhige und gemütliche „Schmöckerecke" gestalten (z.B. abgetrennter Bezirk, kleines Sofa, Sitzkissen, Leselampe)
- Bücher und Geschichten auswählen (vgl. Literaturliste) und in einer Kiste oder auf einem Regal bereitstellen
- DIN A4-Blätter und Malmaterialien bereitlegen
- die „Gemälde" in der Zwischenauswertung vorstellen.

Abschlussstunde:

- Die von den Schülern gestalteten Bundesblätter bereit legen und lochen
- Seil – z.B. Wäscheleine, möglichst aus Naturmaterialien – zum Knüpfen des Bundes besorgen
- zerbrochene Tonscherben oder zerschnittene Papierteile mit den Zehn Geboten (vgl. Kopiervorlage bei der 1. Einführungsstunde) bereit legen
- Kerze
- Liedblatt „Miteinander sprechen" kopieren
- Ort im Klassenzimmer für die Aufbewahrung des Seiles im Klassenzimmer überlegen

Präsentation der Ergebnisse

- Je nach der beabsichtigen Form der Präsentation fallen unterschiedliche Schritte der Vorbereitung an. Anregungen dazu finden sich im Planungsraster Seite 14f.

Gebote-Quiz

- Quizseiten kopieren, Fragen ausschneiden und die rechten Antwortseiten nach hinten knicken und die Rückseiten zusammenkleben
- Fragen in einem dekorativ gestalteten Kästchen aufbewahren

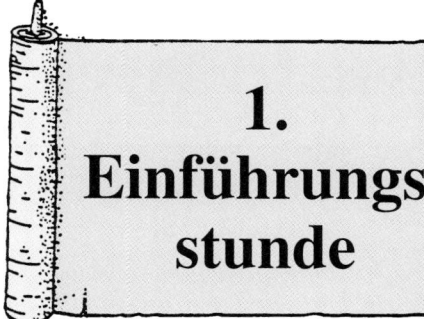

1. Einführungs-stunde

Zerbrochen im Wüstensand
Kinder entdecken die Zehn Gebote

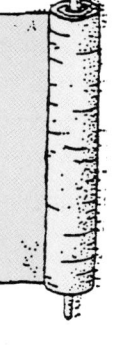

 Darum geht's:

Der Begriff „Zehn Gebote" ist den Schülerinnen und Schülern vermutlich bekannt. Etwas Genaueres werden sich aber nur wenige darunter vorstellen können. Die Einführungsstunde macht sie mit der Wüstensituation des Volkes Israel ein Stück vertraut. Die Erzählung von den zerbrochenen Tafeln kann sie motivieren, sich mit den Zehn Geboten genauer zu beschäftigen.

 So könnten Sie vorgehen:

1. Vor Beginn der Stunde wird mit Materialien (z.B. großes Tuch, Sand, Steine, Dornenzweige, evtl. Gestalt des Mose als Egli-Figur usw.) eine Wüstenlandschaft gestaltet und abgedeckt. Die zerbrochenen Tafeln mit den Zehn Geboten werden darin als zerbrochene Tonscherben (oder als zerschnittene Papierteile) verteilt.
2. Die Schüler/innen sitzen im Stuhlkreis und schließen die Augen.
3. Lehrer/in trägt den ersten Teil der Erzählung vor.
4. Die Lehrererzählung wird fortgesetzt. Dann öffnen die Schüler die Augen.
5. Sie entdecken die zerbrochenen Tafeln und legen sie zu zwei Tafeln zusammen.
6. L: Wie den Kindern zur Zeit des Mose, ergeht es uns heute auch oft: Wir verstehen nicht, was mit den Zehn Geboten gemeint ist. Deshalb schlage ich vor, dass wir uns mit diesen Zehn Geboten etwas näher beschäftigen.
7. Die Schüler/innn erhalten ein Arbeitsblatt mit den 2 Gebotstafeln und dem Lied.
8. Lied: 1, 2, 3, 4, 5, 6, 7, was steht auf dem Stein geschrieben
9. Hausaufgabe: die Zehn Gebote auswendig lernen

 Das wird benötigt:

- Lehrererzählung „Zerbrochen im Wüstensand"
- evtl. Gestalt des Mose (z.B. als Egli-Figur)
- großes Tuch als Unterlage
- Sand, Steine, Dornenzweige
- zerbrochene Tonscherben oder zerschnittene Papierteile mit den Zehn Geboten (vgl. Kopiervorlage)
- großes Tuch zum Zudecken der Wüstenlandschaft
- Liedblatt: 1, 2, 3, 4, 5, 6, 7, was steht auf dem Stein geschrieben (Kopien oder Folie)
- Arbeitsblatt mit Gebotstafeln und Lied

Zerbrochen im Wüstensand – Lehrererzählung

Vor Beginn der Stunde wird mit Materialien (z.B. großes Tuch, Sand, Steine, Dornenzweige, evtl. Gestalt des Mose als Egli-Figur usw.) eine Wüstenlandschaft gestaltet und abgedeckt. Die zerbrochenen Tafeln mit den Zehn Geboten werden darin als zerbrochene Tonscherben (oder als zerschnittene Papierteile) verteilt.

Die Israeliten haben einen langen Weg durch die Wüste hinter sich. Es ist Abend. Müde vom Marsch suchen sie sich ein Lager. Mose hat eine Quelle gefunden. Sie gibt wenigstens etwas Wasser, auch wenn viele lange warten müssen, bis sie dran kommen.

Zu essen gibt es an diesem Abend wenig. Die meisten haben kaum noch Vorräte. Einmal haben sie zwar Wachteln in der Wüste gefunden. Aber das ist schon lange her. Hunger haben alle. Doch heute wagt es keiner, sich bei Mose zu beschweren. Den ganzen Tag haben sie ihn beobachtet, wie er nachdenklich ihren Zug anführte und mit niemandem ein Wort sprach. Er war ganz in sich gekehrt und in seinem Innern – da schien er mit jemandem zu reden. Ja der Mose – das war einer, der Gott besonders nahe stand. Das spüren alle.

Alle haben nun einen Platz gefunden. Die einfachen Zelte sind aufgebaut. Die Tiere sind versorgt. Man hört sie an ihren Geräuschen. Alle legen sich zur Ruhe in der Hoffnung, am nächsten Tag, etwas Eßbares in der Wüste zu finden.

Einige bemerken wie Mose den Lagerplatz verlässt. Das tut er am Abend oft. In der Nähe ist ein hoher Berg. Es scheint, als ob er auf diesen Berg steigen will.

Es wird ruhig, Tiere und Menschen schließen die Augen und fangen an zu schlafen.

Kurze Pause – evtl. meditative Musik

Nach einem tiefen Schlaf erwachen die Tiere. Die Schafe blöken und die Ziegen meckern. Die Menschen reiben sich die Augen und werden langsam wach. Einige spüren sofort, dass sie Hunger haben, und machen sich noch schlaftrunken auf, um etwas Eßbares in der Wüste zu finden. Aber Wachteln gibt es heute nicht, auch kein Manna ist zu sehen.

Nach langem vergeblichen Suchen wollen sich einige bei Mose beschweren. Aber der ist nicht da. Sicher ist er wieder auf den Berg gegangen, vermutet einer, am Abend kommt er wieder zurück. Aber er kommt nicht. Die Israeliten werden unruhig und ratlos. Sie fühlen sich allein gelassen und schutzlos in der Wüste. Wer gibt uns zu essen? Wer führt uns durch die Wüste? Sie gehen zu Aaron, dem Bruder des Mose, und bitten ihn, ihnen einen Gott zu machen, damit sie in der Wüste überleben können. Erst zögert Aaron, dann aber erfüllt er ihren Wunsch und gießt aus dem Goldschmuck der Israeliten ein goldenes Kalb. Zur Ehre ihres neuen Gottes feiert das Volk ein Fest. Da kommt Mose zurück. Er sieht, wie alle um das goldene Kalb tanzen. Wütend zerschlägt er die beiden steinernen Tafeln, die er in Händen hält. Wortlos geht er in sein Zelt. Die ausgelassene Festfreude schlägt um. Die Israeliten sind niedergeschlagen und traurig. Sie schämen sich und erkennen, dass sie den Bund mit Jahwe gebrochen haben. Auch die Kinder sind verwirrt. Aber sie sind auch neugierig geworden. Was stand wohl auf den zwei Tafeln, die Mose zerbrochen hat?

Sie suchen die zerschlagenen Steinbrocken im Wüstensand und versuchen, sie wie ein Puzzle zusammen zu setzen. Da sie nicht lesen können, verstehen sie die Sätze nicht. Einer traut sich, Mose zu fragen, ob er ihnen erklären kann, was auf den Tafeln gestanden hat. Mose schaut die Kinder traurig an. „Auf den Tafeln stand, was Gott den Israeliten sagen wollte. Aber das Volk will diese Worte nicht hören." Doch die Kinder geben sich damit nicht zufrieden. Sie wollen wissen, was auf den Tafeln gestanden hat. Schließlich lässt Mose sich überreden und liest den Kindern langsam und bedächtig vor, was auf den notdürftig zusammengelegten Teilen der zwei Tafeln steht. Die Kinder sind ganz still geworden. Dann sagt ein Mädchen: „Mose, du musst die Tafeln unbedingt neu schreiben." „Das kann ich nicht allein machen, das kann nur Gott." Schließlich überzeugen die Kinder den Mose, noch einmal zu Jahwe auf den Berg zu gehen, und ihn um zwei neue Tafeln mit den Zehn Geboten zu bitten.

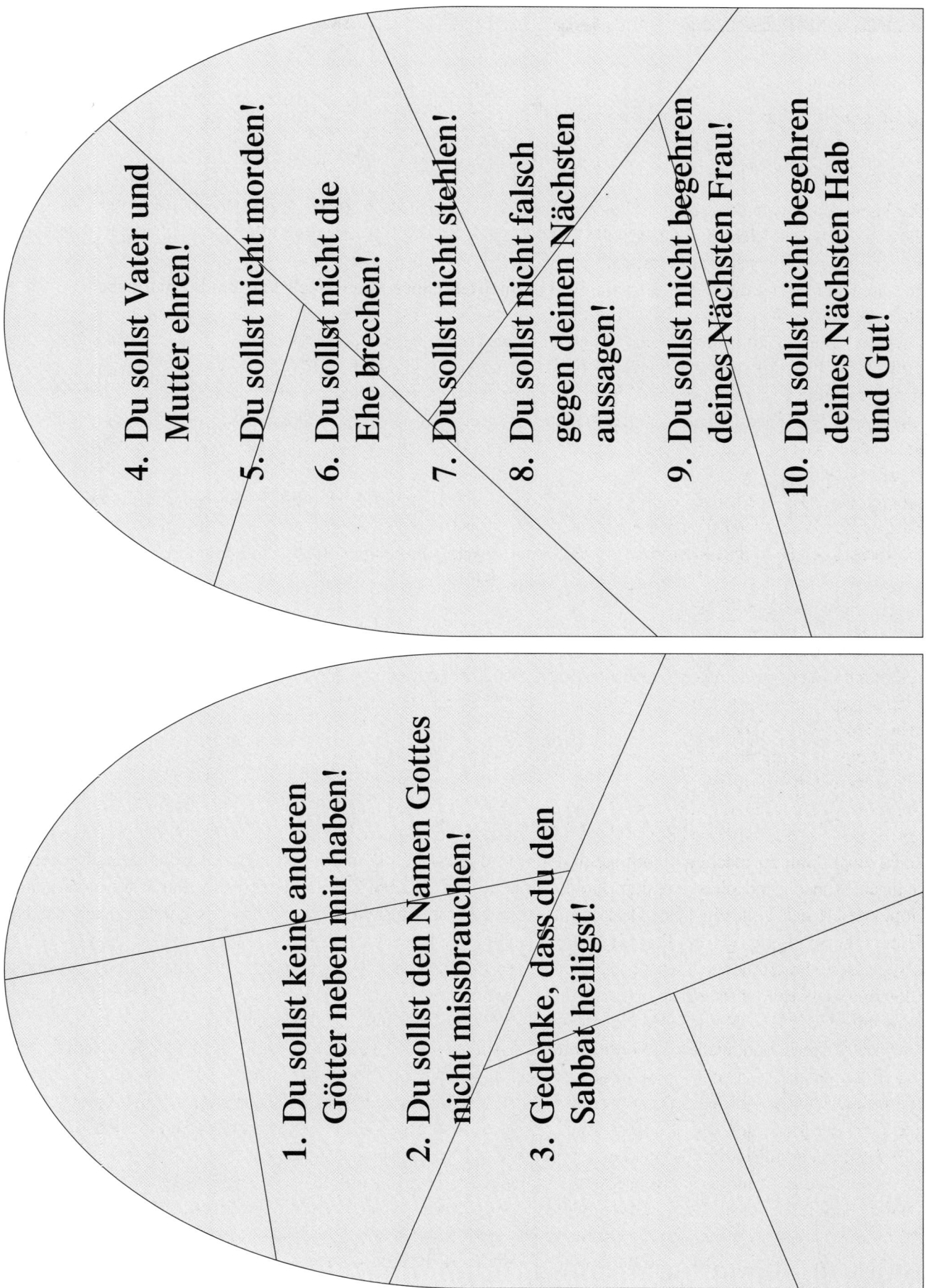

4. Du sollst Vater und Mutter ehren!

5. Du sollst nicht morden!

6. Du sollst nicht die Ehe brechen!

7. Du sollst nicht stehlen!

8. Du sollst nicht falsch gegen deinen Nächsten aussagen!

9. Du sollst nicht begehren deines Nächsten Frau!

10. Du sollst nicht begehren deines Nächsten Hab und Gut!

1. Du sollst keine anderen Götter neben mir haben!

2. Du sollst den Namen Gottes nicht missbrauchen!

3. Gedenke, dass du den Sabbat heiligst!

Lied vom Stein

Refrain: 1, 2, 3, 4, 5, 6, 7,___ was steht auf dem Stein ge - schrie-ben?

Zehn Ge - bo - te sind zu sehn, Mo - se hilf, sie uns ver - stehn.

stehn.___ 1. Gott eh - ren und den Men-schen lie - ben,___ den

Schwa - chen nicht zur Sei - te schie - ben,___ es soll dem Ärms - ten

Recht ge - schehn,___ wenn Got - tes Wort wir recht ver - stehn.___

2. Gott wünscht, dass hier auf dieser Erde
kein Mensch des anderen Spielzeug werde.
Jeder soll frei und glücklich sein.
Dies Menschenrecht schützt dieser Stein.

3. Es sind zehn Regeln für das Leben.
Sie sind auch dir ins Herz gegeben.
Drum mach dein Herz nicht hart wie Stein!
Lass dich auf diese Regeln ein.

4. Gebote kann in Stein man treiben
und auch in dicke Bücher schreiben.
Doch Worte, sie verweh'n im Wind,
wenn sie nicht in uns selber sind.

T: Norbert Weidinger/Rolf Krenzer
M: Ludger Edelkötter

Aus: Rolf Krenzer; Gottes guter Segen. Limburg 1994

Zerbrochen im Wüstensand
Kinder entdecken die Zehn Gebote

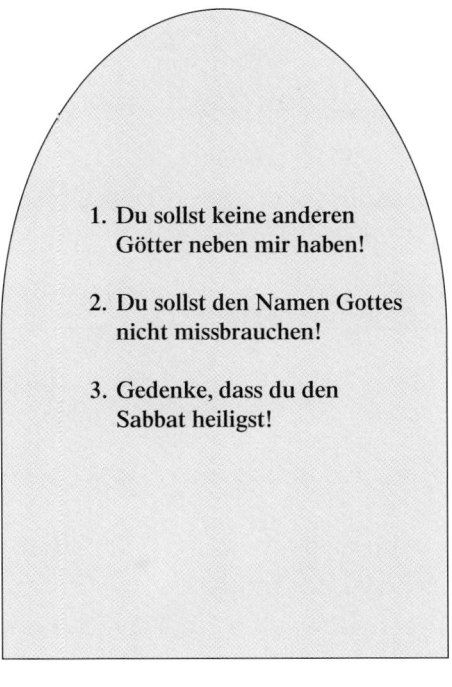

1. Du sollst keine anderen Götter neben mir haben!

2. Du sollst den Namen Gottes nicht missbrauchen!

3. Gedenke, dass du den Sabbat heiligst!

4. Du sollst Vater und Mutter ehren!

5. Du sollst nicht morden!

6. Du sollst nicht die Ehe brechen!

7. Du sollst nicht stehlen!

8. Du sollst nicht falsch gegen deinen Nächsten aussagen!

9. Du sollst nicht begehren deines Nächsten Frau!

10. Du sollst nicht begehren deines Nächsten Hab und Gut!

Lied vom Stein

Refrain: 1, 2, 3, 4, 5, 6, 7, was steht auf dem Stein geschrieben? Zehn Gebote sind zu sehn, Mose hilf, sie uns verstehn. stehn. 1. Gott ehren und den Menschen lieben, den Schwachen nicht zur Seite schieben, es soll dem Ärmsten Recht geschehn, wenn Gottes Wort wir recht verstehn.

2. Gott wünscht, dass hier auf dieser Erde kein Mensch des anderen Spielzeug werde.
Jeder soll frei und glücklich sein.
Dies Menschenrecht schützt dieser Stein.

3. Es sind zehn Regeln für das Leben.
Sie sind auch dir ins Herz gegeben.
Drum mach dein Herz nicht hart wie Stein!
Lass dich auf diese Regeln ein.

4. Gebote kann in Stein man treiben und auch in dicke Bücher schreiben.
Doch Worte, sie verweh'n im Wind, wenn sie nicht in uns selber sind.

T: Norbert Weidinger/Rolf Krenzer
M: Ludger Edelkötter

Aus: Rolf Krenzer; Gottes guter Segen. Limburg 1994

| 2. Einführungs-stunde | Freiarbeit – was ist das? Schüler/innen erhalten Informationen über Inhalt und Verlauf der Freiarbeit |

 Darum geht's:

Bevor mit der Freiarbeit begonnen werden kann, müssen die Schüler/innen einen Überblick über die Stationen erhalten und sie müssen wissen, nach welchen Regeln die Freiarbeit abläuft. Mögliche Störungsquellen können so vermieden werden.

 So könnten Sie vorgehen:

1. Die Schüler/innen versammeln sich im Stuhlkreis.
2. Lied: 1, 2, 3, 4, 5, 6, 7, was steht auf dem Stein geschrieben
3. L: Weil die Zehn Gebote etwas Besonderes sind, habe ich mir auch etwas Besonderes ausgedacht, wie wir sie behandeln können. Wir tun das in der Form der Freiarbeit. (*Je nach dem Informationsstand der Klasse werden die wesentlichen Elemente der Freien Arbeit erklärt*)
4. Der Überblick über die Stationen der Freien Arbeit wird verteilt und erläutert.
5. Das Blatt mit den Regeln der Freien Arbeit wird verteilt und erläutert.
6. Die festgelegten Pflichtstationen werden benannt und die Wahl von mindestens zwei weiteren Stationen wird erklärt.
7. Der Laufzettel wird verteilt und erläutert.
8. Wichtige Dinge, die noch zu regeln sind, werden besprochen:
   - Zeitrahmen der Freiarbeit
   - Sitzordnung im Klassenzimmer
   - Verhalten am Ende der Unterrichtsstunde
   - Ablageplatz für noch nicht beendete Stationen
   - Absprache über Anlegung einer Stationenmappe (Deckblatt zur weiteren Gestaltung verteilen)
9. Die Schüler/innen entscheiden sich, mit welcher Station sie in der nächsten Stunde beginnen werden (Eintrag in den Laufzettel)
10. Abschluss: Lied: 1, 2, 3, 4, 5, 6, 7, was steht auf dem Stein geschrieben

 Das wird benötigt:

- Liedblatt: 1, 2, 3, 4, 5, 6, 7, was steht auf dem Stein geschrieben
- Überblick über die Stationen
- Regeln für die Freiarbeit
- Laufzettel für die Schüler/innen
- Deckblattvorlage für eine Stationenmappe

Überblick über die Stationen

1.
Mit der „Dekalog" auf große Fahrt

Inselspiel

☺ ☺ oder ☺ ☺ ☺

2.
Zoff bei Familie Benz

Rollenspiel

☺ ☺ ☺

3.
Versteckte Gebote

Legespiel mit Holzklötzchen

☺ oder ☺ ☺

4.
Lass dich nicht einschüchtern!

Lottospiel

☺ oder ☺ ☺

5.
Wer sagt die Wahrheit?

Detektivspiel

☺

6.
Die goldene Regel

Gleichgewichtstraining mit einer Waage

☺ oder ☺ ☺

7.
Unsere Klasse schließt einen Bund

Gemeinschaftsarbeit

☺ und später alle

8.
Was ist das wichtigste Gebot?

Puzzle

☺

9.
Der Sonntags-reporter

Befragung und Bastelarbeit

☺

10.
Mose spürt die Nähe Gottes

Phantasiereise und Malbild

☺

11.
Die Zehn Gebote als Comics

Ratespiel

☺ oder ☺ ☺

12.
Ich hab was, was du nicht hast!

Würfel- und Gesprächsspiel

☺

13.
Kann man Gebote lieben?

Ausmalbild

☺

14.
Dichterwerkstatt

Elfchen dichten

☺

15.
Schmökerecke

In Ruhe lesen und malen

☺

Hefte dieses Blatt in deine Stationenmappe!

Regeln für die Freiarbeit

Da viele Schüler/innen einzeln oder in kleinen Gruppen in einem Raum arbeiten, ist möglichst große Stille erforderlich. Sprich also immer ganz leise.

Achte darauf, dass du die Pflichtstationen bearbeitest. Außerdem sollst du mindestens zwei weitere Stationen auswählen. Wähle aber nicht nur Aufgaben, die dir leicht erscheinen. Trau dich auch an etwas heran, was Mühe kostet.

Die kleinen Gesichter auf dem Übersichtsblatt sagen dir, wie viele Schüler/innen an dieser Station zusammen arbeiten können. Überlege, mit wem du zusammenarbeiten möchtest.

Versuche, möglichst selbstständig zu arbeiten. Nur wenn du bei einer Aufgabe gar nicht weiterkommst, wende dich an die Lehrerin/den Lehrer.

Wenn du eine Aufgabe begonnen hast, führe sie auch zu Ende. Aufgaben halbfertig liegen zu lassen und eine andere Aufgabe zu beginnen, verstößt gegen die Regeln.

Wenn du mit einer Aufgabe fertig bist, überlege selbst, ob du mit deiner Arbeit zufrieden bist. Bei manchen Stationen findest du einen Hinweis, wie du deine Lösung kontrollieren kannst.

Lege deine Arbeit dort ab, wie es bei jeder Station geregelt ist. Wenn eine Station am Ende der Stunde noch nicht fertig ist, fange gleich in der nächsten Stunde wieder damit an.

Wenn du eine Station beendet hast, suche dir eine neue Station, auch wenn die Zeit zur Fertigstellung vielleicht nicht mehr reicht.

Ordne am Ende der Stunde die Materialien so, wie du sie vorfinden möchtest.

Zwischendurch und am Ende stellen wir uns gegenseitig die Ergebnisse vor. Diese Vorstellung ist sehr wichtig. Überlege, was du zu deiner Arbeit erklären kannst.

Erklärung

Ich erkläre mich mit diesen Regeln einverstanden und bin bereit sie einzuhalten.

_____   _____
Ort, Datum   Unterschrift

Hefte dieses Blatt in deine Stationenmappe!

Laufzettel

Name: _____

Nr.	❤ ✕	Bearbeitete Stationen	Fertig-gestellt am	Gib der Station eine „Note"

✕ = Pflichtstation
❤ = freiwillig

Note 1 = sehr intressant
Note 2 = interessant
Note 3 = in Ordnung
Note 4 = etwas langweilig
Note 5 = kann ich nicht weiter empfehlen

Hefte dieses Blatt in deine Stationenmappe!

Gottes Gebote befreien
Stationen der Freiarbeit zu den Zehn Geboten

Name

_____

Klasse   Schuljahr

_____   _____

Freiarbeitsstationen 1 – 15

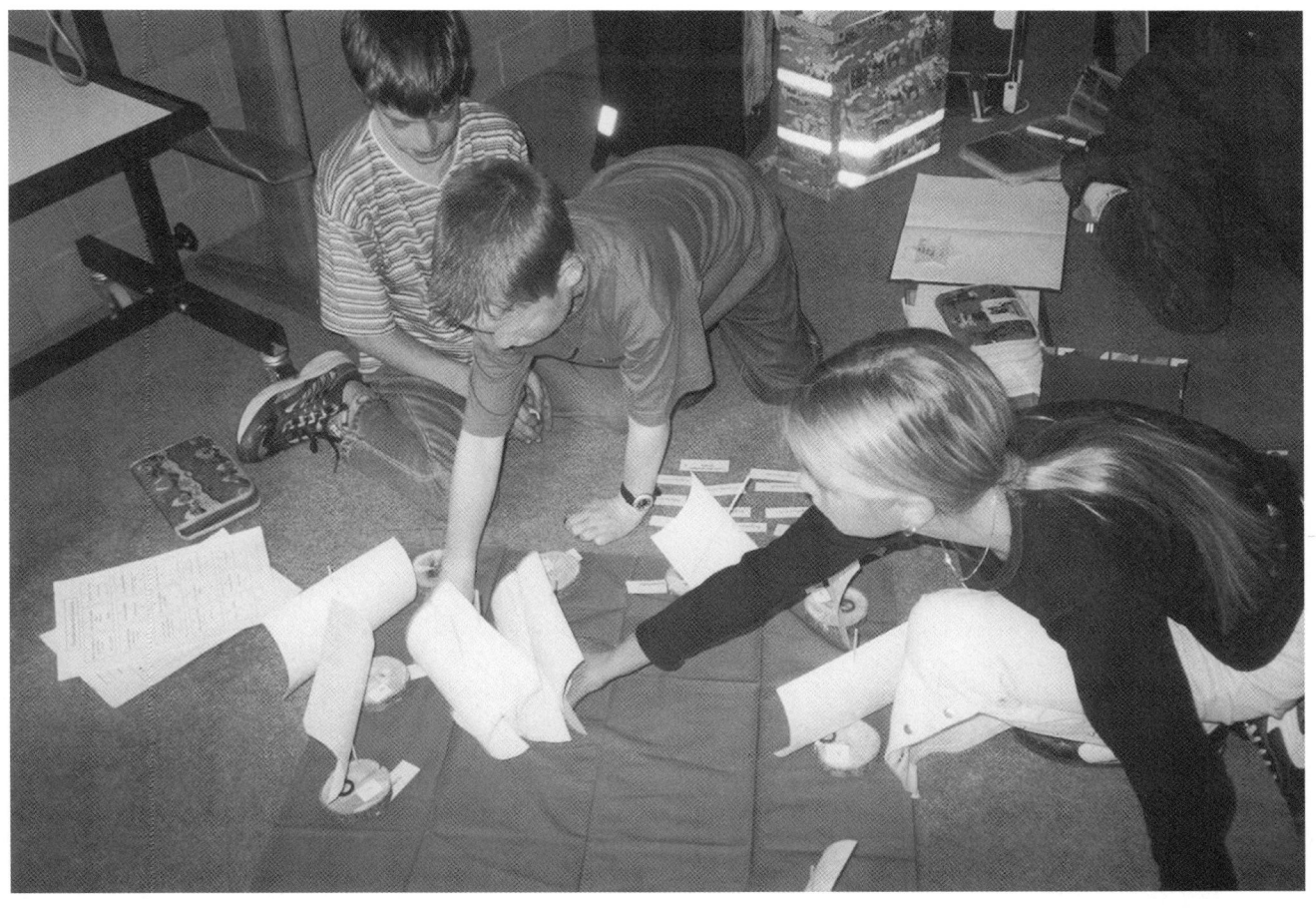

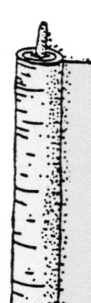

 Darum geht's:

Die Zehn Gebote sollen dir helfen, dich in deinem Leben zurecht zu finden. Das ist wie bei einer großen Fahrt übers Meer. Dafür brauchst du eine gute Ausrüstung und ganz viel Wissen, wie du auf dem richtigen Kurs bleibst. Auf dem Meer des Lebens kommst du am besten voran, wenn du die Zehn Gebote kennst und danach handelst. Mit diesem Spiel kannst du schon mal üben, wie das gehen kann und wofür die Zehn Gebote nützlich sind.

 So könnt ihr vorgehen:

1. Breitet als Meer ein blaues Tuch auf dem Tisch aus, stellt das Schiffsmodell in die Mitte und verteilt darauf die 10 Inseln (= Holzscheiben)
2. Jede Insel bekommt eine Nummer von 2 bis 11. Legt die Nummerkärtchen auf die Inseln.
3. Jede Insel bekommt ein Segel mit dem Namen der Insel. Steckt die Segel in die vorgesehenen Löcher auf den Inseln.
4. Die Aufgabenkarten und die Lösungskarte werden am Rand des Spielfeldes abgelegt.
5. Lest die Spielregeln genau durch, dann kann die Fahrt auf dem Schulschiff „Dekalog" beginnen.

 Das benötigt ihr:

- Spielregeln
- 2–4 Mitspieler
- ein großes blaues Tuch als Symbol für das Meer
- Schiffsmodell (aus Holz)
- 10 Inseln in Form von 10 Holzscheiben
- 10 Segel mit dem Namen der Inseln
- 10 Nummerkärtchen mit den Ziffern 2–11. Die Ziffer 1 fehlt, weil diese Zahl mit zwei Würfeln nicht möglich ist.
- 10 Ringe
- Aufgabenkarten
- Lösungsblatt
- 2 Würfel

Mit der „Dekalog" auf großer Fahrt – Spielregeln

- In diesem Spiel hat das Schiff die Aufgabe, von Insel zu Insel zu fahren und möglichst viele Segel einzusammeln. Wenn das Schiff alle Segel eingesammelt hat, kann es besonders gut fahren.
- Jede Insel hat einen Namen. Er weist auf ein ganz bestimmtes Gebot hin, das auf dieser Insel besonders beachtet wird.
- Um auf die Insel zu gelangen, musst du mit den zwei Würfeln würfeln. Bei den Zahlen 2 bis 11 kommst du auf eine Insel. Bei 12 bleibst du im Meer, denn es ist starker Nebel und da ist die Gefahr aufzulaufen zu groß.
- Lies nun den Namen der Insel, der auf dem Segel steht, und rate, welches Gebot auf der Insel besonders geachtet wird.
- Um zu kontrollieren, ob du richtig geraten hast, drehe das Lösungsblatt um. **Achte darauf, dass nur du auf das Lösungsblatt sehen kannst.** Das Gebot, das du erraten hast, muss das gleiche Zeichen haben, wie das Segel auf deiner Insel.
  - ➪ Wenn du richtig geraten hast, darfst du das Segel von der Insel nehmen und auf das Schiff stecken. Erzähle deinen Mitspielern, um welches Gebot es sich handelt. Zum Zeichen dafür, dass du das Gebot erraten hast, darfst du dir den Ring, der auf der Insel liegt, auf deinen Platz legen. Jetzt könnt ihr wieder aufs Meer hinaus und der Nächste darf würfeln.
  - ➪ Wenn du falsch geraten hast, musst du eine Aufgabe lösen. Ziehe dazu eine Karte aus dem Stapel der Aufgabenkärtchen. Wenn du die Aufgaben lösen kannst, geht's wieder aufs Meer hinaus – allerdings ohne Segel oder Ring. Wenn du die Aufgabe nicht lösen kannst, musst du eine Runde aussetzen.
- Das Spiel ist beendet, wenn alle zehn Segel auf dem Schiff gesetzt sind. Ihr seid dann mit den Zehn Geboten gut fürs Leben gerüstet.

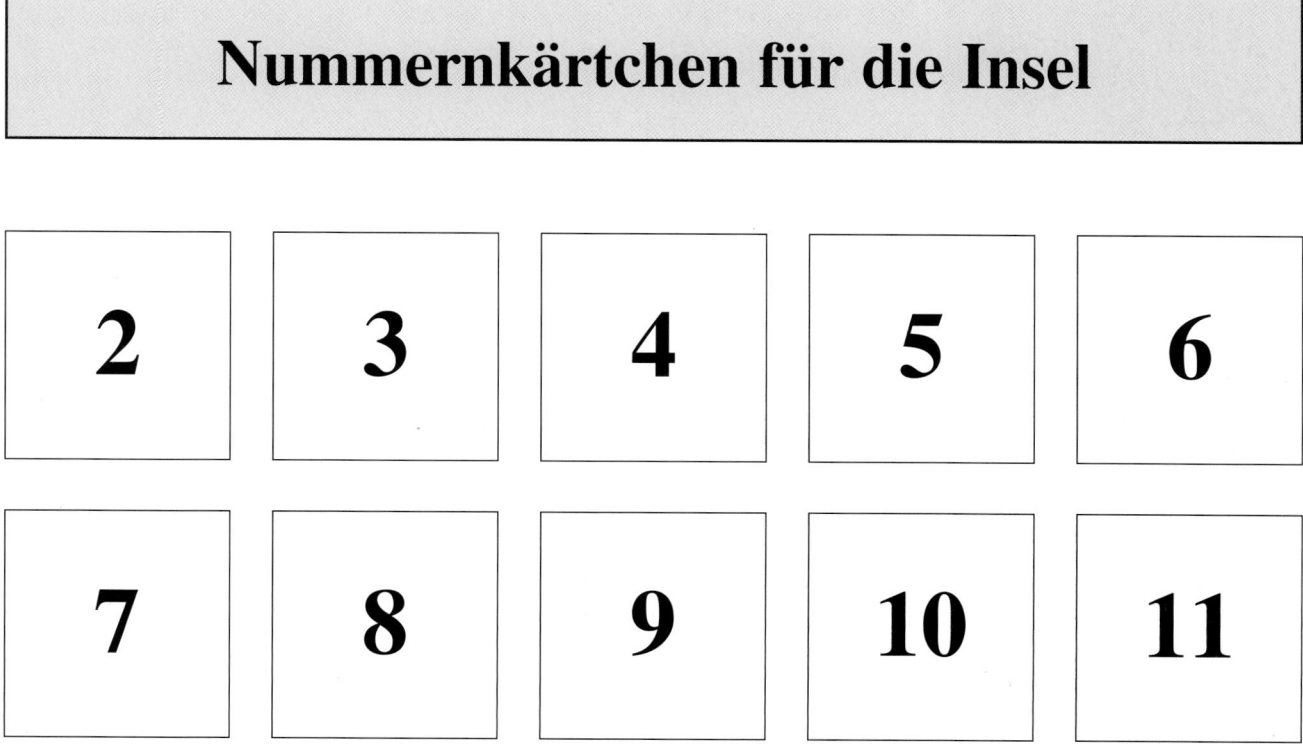

Nummernkärtchen für die Insel

2	3	4	5	6
7	8	9	10	11

Inselnamen und Zeichen für die Segel

**Land des
einzigen Gottes**

**Land der guten
Namen Gottes**

Land der Ruhe

Land der Familie

**Land des
geschützten Lebens**

Land der Treue

**Land
meines Eigentums**

Land der Wahrheit

**Land
ohne Eifersucht**

Land ohne Neid

Aufgabenkarten

Bringe ein Regal in deinem Klassenzimmer wieder in Ordnung!	Spitze 2 Buntstifte deines linken Nachbarn!
Biete dein Pausenbrot einem Mitspieler zum Tausch an!	Mit welchen lobenden Worten kannst du einem anderen sagen, dass er gut ist?
Erzähle, woran du erkennst, dass du dich auf deinen Freund/deine Freundin verlassen kannst!	Wofür kannst du deinen Vater/ deine Mutter loben?
Lobe zwei Mitspieler für etwas, was sie in deinen Augen gut können.	Zähle drei Dinge auf, die du anderen ausleihen würdest.
Erinnere dich an deinen letzten Besuch im Sonntagsgottesdienst! Was hat dir im Gottesdienst gefallen?	Es gibt Kinder, die hängen den ganzen Tag am Computer. Was würdest du ihnen antworten?
Finde drei Gründe, warum es sich lohnt, die Wahrheit zu sagen!	Erzähle, wie du das letzte Mal bei einem Streit nachgegeben hast!
„Gott, du bist der Gütigste." Finde noch zwei andere Eigenschaften für Gott!	

Lösungsblatt

✳	1. Du sollst keine anderen Götter neben mir haben!
■	2. Du sollst den Namen Gottes nicht missbrauchen!
✦	3. Du sollst den Feiertag heilig halten!
◈	4. Du sollst Vater und Mutter ehren!
●	5. Du sollst nicht morden!
◉	6. Du sollst nicht die Ehe brechen!
⬤	7. Du sollst nicht stehlen!
◆	8. Du sollst nicht falsch gegen deinen Nächsten aussagen
⬢	9. Du sollst nicht begeheren deines Nächsten Frau!
✕	10. Du sollst nicht begehren deines Nächsten Hab und Gut!

Station 2

Zoff bei Familie Benz

Rollenspiel und Bastelarbeit

 Darum geht's:

Bei Familie Benz gibt es Streit. Jeder will am Sonntag etwas anderes machen. Die fünf Familienmitglieder können sich nicht einigen. Wozu ist der Sonntag eigentlich da? Ist er ein Tag zum Ausschlafen, oder darf z.B. der Vater endlich mal Arbeiten erledigen, zu denen er sonst nicht kommt? Sebastian macht sich im Internet auf die Suche und findet dort eine Antwort.

 So könnt ihr vorgehen:

1. Sucht für das Rollenspiel zwei Mitschüler/innen.
2. Lest die Geschichte in verteilten Rollen. Dazu übernimmt jeder 2 Rollen.
3. Erzählt euch gegenseitig, wie bei euch zu Hause der Sonntag aussieht.
4. Wir Christen feiern den Sonntag als den heiligen Tag der Woche. Im Text aus dem Internet sind dafür drei Gründe angegeben. Sucht diese drei Gründe heraus.
5. Nehmt euch jeder einen Ausschneidebogen. Schreibt jeden Grund in schöner Schrift in ein Feld des Dreiecks und gestaltet es farbig.
6. Schneidet das Dreieck aus. Wie es zu einem Stern gefaltet wird, steht in der Bastelanleitung.
7. Klebt den Stern in eure Stationenmappe.

 Das benötigt ihr:

- Rollenspiel „Zoff bei Familie Benz"
- Ausschneidebogen
- Bastelanleitung für einen Stern
- Schere
- Kleber

Rollenspiel

Erzähler: Ein ganz normaler Sonntag bei Familie Benz. Oder doch nicht? Pass mal auf, was da geschieht?

Mutter: Aufstehen, es ist schon 9 Uhr und wir wollen doch heute einen Ausflug in den Wildpark machen. Wenigstens am Sonntag wollen wir mal etwas gemeinsam machen.

Sebastian: Ich bin noch viel zu müde. Einen Ausflug können wir später machen. Der Sonntag ist ja schließlich zum Ausschlafen da.

Claudia: Einen Ausflug mit der ganzen Familie finde ich sowieso doof. Am Sonntag will ich mal so richtig faulenzen.

Papa: Was ihr alle für Sorgen habt! Am Sonntag komm ich endlich mal dazu, meinen Schreibtisch aufzuräumen. Ich habe ja sonst nie Zeit dazu.

Erzähler: Es geht noch eine ganze Weile so hin und her. Schließlich kommt Oma zur Tür herein und sagt:

Oma: Na ihr, seid ihr noch immer nicht angezogen. Heute ist doch Sonntag, da gehen wir alle zusammen in den Gottesdienst.

Erzähler: Da kannst du dir sicher vorstellen, dass nun heftig diskutiert wurde. „Wozu ist der Sonntag da?" Sebastian wird das Ganze zu dumm. Er schleicht sich aus dem Zimmer und setzt sich an den Computer. Aber die Frage lässt ihn nicht los „Wozu ist der Sonntag da?" Kurzerhand gibt er den Suchbegriff „Sonntag" in seinen Computer ein. Er bekommt eine Vielzahl von Angeboten. Dabei muss er feststellen, dass es viele Menschen gibt, die Sonntag heißen. Manche Antworten sind auch viel zu kompliziert für ihn. Nachdenklich macht ihn die Überschrift: „Ohne Sonntag nur Werktage!"

Sebastian: Das währe ja furchtbar, wenn es keinen Sonntag mehr gäbe!

Erzähler: Und er sucht weiter. Klickt mal hierhin und klickt mal dorthin. Doch **Halt**, da war doch eine Seite, die ging ganz gut zu lesen. Also noch mal zurück. Beinahe hätte er sie übersehen. Sebastian überfliegt die Seite.

Sebastian: Ja genau, das ist es, das lasse ich mir mal ganz schnell ausdrucken. Da werden die anderen aber staunen, was ich gefunden habe.

Erzähler: Sebastian geht mit seinem Fund zurück in die Küche. Da sitzen sie doch tatsächlich noch alle am Frühstückstisch und diskutieren über den Sonntag.

Sebastian: Während ihr nur dumm herumredet, hab ich was Sinnvolles gemacht. Ich wollte wissen, wozu der Sonntag da ist und hab im Internet gesurft.

Claudia: Jetzt will er sich nur wieder einmal wichtig machen mit seinen Computerkenntnissen.

Papa: Lass ihn doch mal. Manchmal ist ja auch was Gescheites dabei.

DasErste.de ⊙   Das Erste ist das Fernsehe

| ARD Home | Nachrichten | Sport | Börse | Ratgeber | Boulevard | Kultur | Kinder | **Fernsehen** | Radio | ARD Intern |

09.09.2004 | 08:05 Uhr   [▶ DasErste.de ▶ Information ▶ Das Wort zum Sonntag]   ？ | 🖶 | ✉ | Impressu

Das Wort zum Sonntag

✉ samstags

Home

Aktuell

Archiv

Sprecher

Geschichte

Service & Links

Gewinnspiel

Kontakt

▶ Startseite DasErste.de

▶ Information im Ersten

▶ Sendungen im Ersten A-Z

Ohne Sonntag nur Werktage!

Wenn man Menschen fragen würde, welcher Tag der Woche für sie der schönste Tag ist, werden die meisten den Sonntag nennen. Wenn man sie aber fragen würde, weshalb es eigentlich den Sonntag gibt, werden viele keine Antwort wissen.

Die wenigsten wissen nämlich, dass der Sonntag sozusagen von den Christen „erfunden" wurde.

Die Evangelien erzählen, dass nach dem Tod Jesu Frauen zu seinem Grab gingen. Dort erfuhren sie von einem Engel von der Auferstehung Jesu. So wurde der Sonntag für die Christen zum heiligen Tag, zum Tag des Herrn. An diesem Tag sollen die Christen zum Gottesdienst in die Kirche gehen, um die Auferstehung Jesu zu feiern.

Weil die ersten Christen ursprünglich Juden waren, blieben auch die zwei Gründe, weshalb Juden den Sabbat (Samstag) als ihren heiligen Tag feiern, für die Christen wichtig.

Der Schöpfungsbericht der Bibel erzählt, wie Gott an sechs Tagen die Welt erschuf und am siebten Tag ausruhte. Gott segnete den siebten Tag und erklärte ihn für heilig. Die Juden nennen diesen Tag „Sabbat", das heißt Unterbrechung. Sie gehen in die Synagoge und feiern zu Hause ein besonderes Mahl.

Die Juden erinnern sich am Sabbat noch an ein anderes Ereignis ihrer Geschichte, nämlich an das Pessachmahl vor dem Auszug aus Ägypten.

Insgesamt haben Christen also drei gute Gründe, weshalb sie den Sonntag feiern.

Weiter auf der Seite „Die 10 Gebote"

Oma: Seht ihr, ich habe doch gleich gesagt, wir sollen in die Kirche gehen.

Mama: Stopp, nicht so schnell. Also wenn ich das jetzt richtig verstanden habe, so ist da eigentlich für uns alle etwas dabei. Der Sonntag soll ein Ruhetag sein: Dazu gehört Ausschlafen, Rumgammeln und ganz bestimmt auch ein Ausflug mit der Familie. Der Sonntag ist der Tag des Herrn, was das bedeutet, muss ich wohl nicht erst erklären.

Claudia: Nur Papa kommt zu kurz, denn Aufräumen am Sonntag ist nicht drin.

Erzähler: Papa droht ihr mit dem Finger, aber er kann sich ein Lachen kaum noch verkneifen.

Papa: Immer komm ich zu kurz.

Sebastian: Das stimmt nicht dass du dabei zu kurz kommst. Im Internet stand auch: „Ohne Sonntage nur Werktage" Das heißt doch, wenn du auch am Sonntag arbeitest, dann hast du überhaupt keinen Tag zum Ausruhen.

Papa: Da hast du eigentlich Recht. Wenn ich mir das genauer überlege, so hat uns Gott mit dem Sonntag sogar ein Geschenk gemacht. Danke sagen, wäre ja wohl das Mindeste. Ich habe auch schon eine Idee, was wir jetzt machen.

Erzähler: Was die Familie Benz jetzt macht, das wissen wir nicht. Ihr aber könnt jetzt den nächsten Arbeitsauftrag durchlesen.

Ausschneidebogen

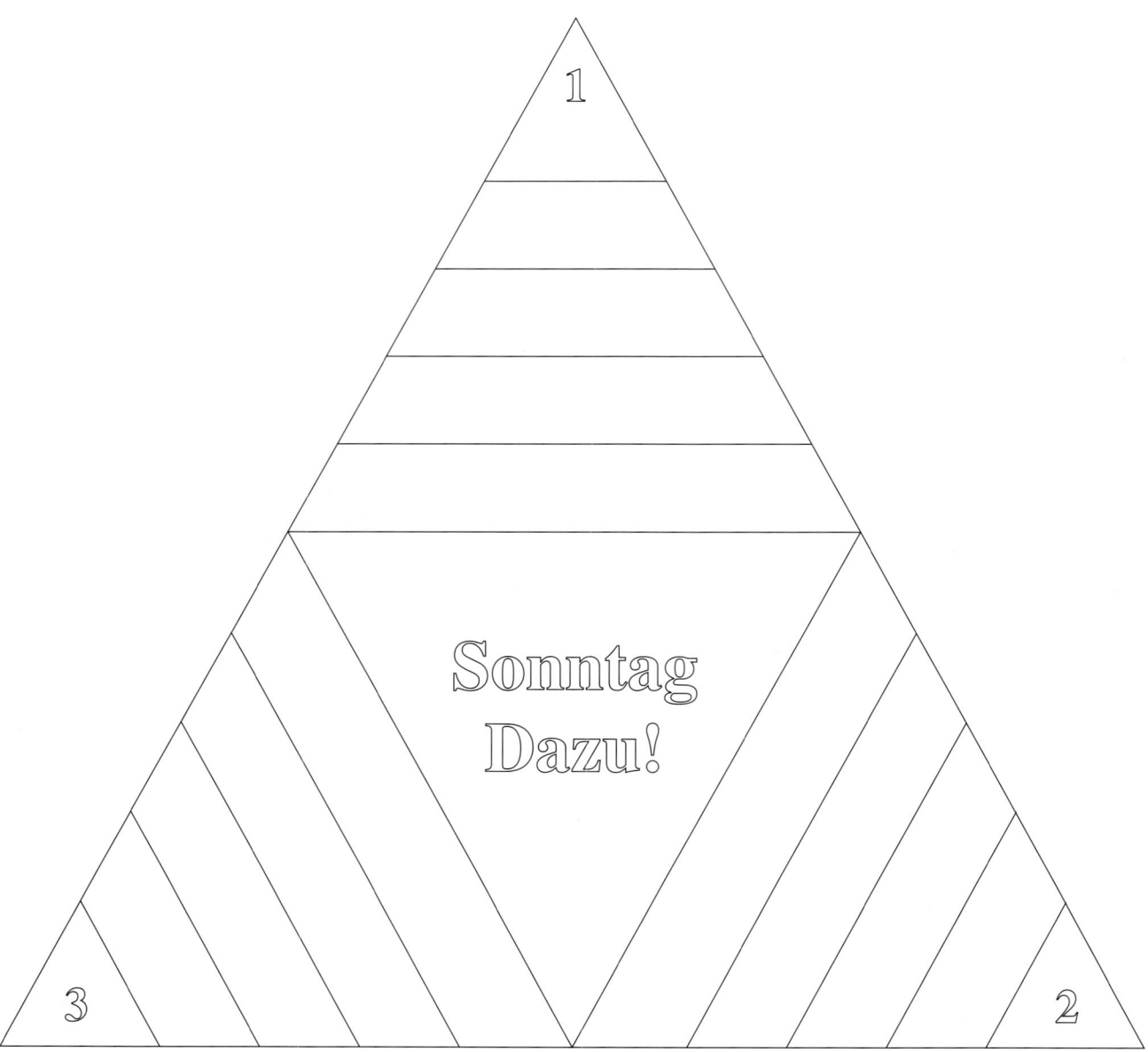

Bastelanleitung für einen Stern

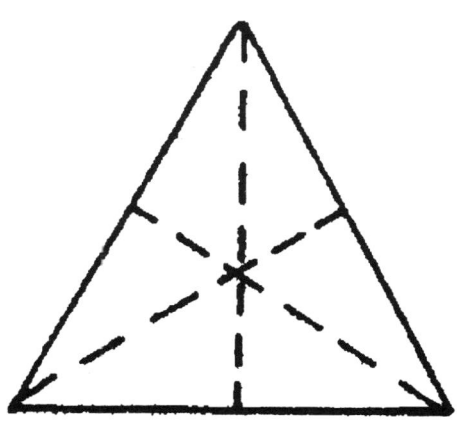

1. In einem gleichseitigen
   Dreieck Mittellinien falten

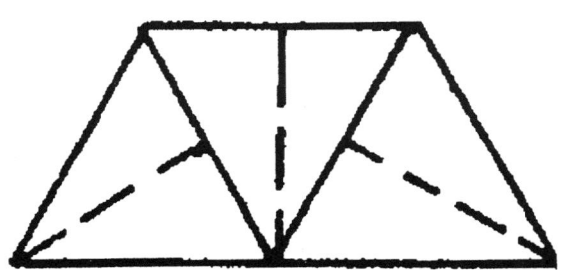

2. Jede Ecke auf die
   gegenüberliegende Mitte …

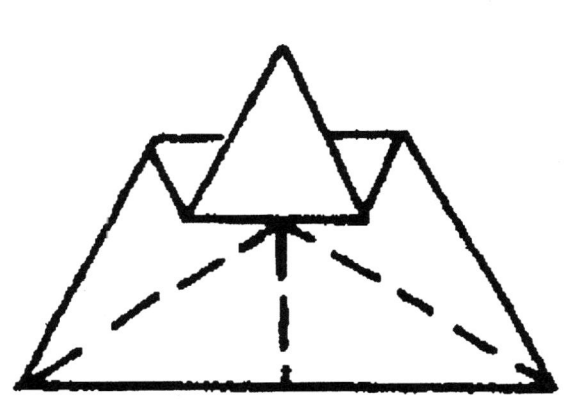

3. … und vom Mittelpunkt an
   wieder zurück legen

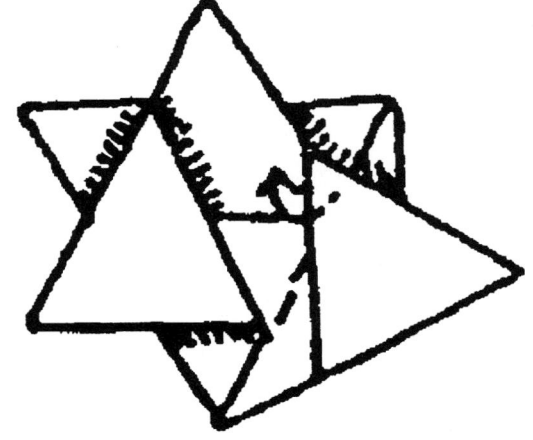

4. Ecke darunterschieben

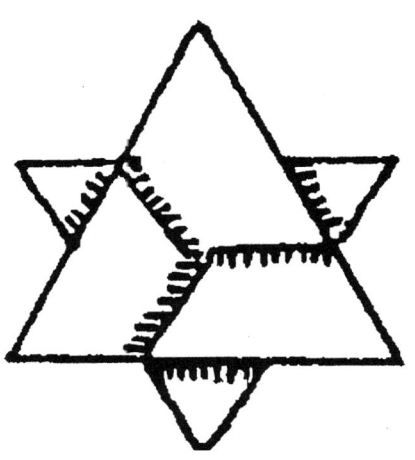

Station 3
☺ oder ☺ ☺

Versteckte Gebote
Legespiel mit Holzklötzchen

 Darum geht's:

Seit es Menschen gibt, wissen sie, dass man das Gute tun soll. Leider gelingt es aber den Menschen nicht immer, nur das Gute zu tun, und so gibt es neben den guten auch die bösen Taten der Menschen.

Diese guten und bösen Taten haben etwas mit den Zehn Geboten zu tun. Immer wenn wir das Gute oder (leider auch) das Böse tun, erfüllen oder verstoßen wir gegen eines der Zehn Gebote. Nur wissen wir das oft nicht. In dieser Station kannst du entdecken, welche Gebote hinter den Taten der Menschen von heute stecken.

 So könnt ihr vorgehen:

Vor euch findet ihr eine Menge von verschiedenfarbigen Holzklötzchen. In dieses Durcheinander sollt ihr Ordnung bringen.

1. Sortiert die Holzklötzchen zuerst nach den vier Farben.
2. Legt dann die gelben Holzklötzchen mit den Zehn Geboten in der richtigen Reihenfolge untereinander. Das graue Holzklötzchen „Die Zehn Gebote" ist die Überschrift.
3. Nehmt nun die beiden anderen grauen Holzklötzchen. Legt „Beispiele für die Mißachtung der Gebote" links neben die Überschrift „Die Zehn Gebote". „Beispiele für die Erfüllung der Gebote" gehört rechts daneben.
4. Nun kommt die eigentliche Arbeit. Lest die violetten und roten Holzklötzchen und überlegt bei jedem Teil, welches der Zehn Gebote mit diesem Beispiel missachtet oder erfüllt wird. Legt die Beispiele neben die entsprechenden gelben Gebote. Ob der Stein auf die rechte oder linke Seite gehört, sagt euch die graue Überschrift.
5. Ob ihr alles richtig zugeordnet habt, könnt ihr entdecken, wenn ihr die Beispiele rechts und links von jedem Gebot umdreht und die Linien auf den Rückseiten zusammen passen.

 Das benötigt ihr:

• 33 beschriftete Holzklötzchen

Beispiele für die Erfüllung der Gebote

„Gott ist mir das Wichtigste auf der Welt."

„Beim Namen Gottes denke ich an etwas Schönes."

„Ich gehe am Sonntag in die Kirche und danke Gott für die Woche."

„Ich finde meine Eltern toll."

Die Zehn Gebote

1. Gebot
Du sollst keine anderen Götter neben mir haben!

2. Gebot
Du sollst den Namen Gottes nicht missbrauchen!

3. Gebot
Gedenke, dass du den Sabbat heiligst!

4. Gebot
Du sollst Vater und Mutter ehren!

Beispiele für die Missachtung der Gebote

„Das Wichtigste auf der Welt ist, viel Geld zu haben."

„Himmel, Herrgott, Sakrament!"

„Heute, am Sonntag, will ich ausschlafen!"

„Meine Eltern können mir gestohlen bleiben."

„Ich sorge täglich für mein Meerschweinchen."

„Ich will bei dir bleiben."

„Ich habe einen Kuli gefunden. Gehört er dir?"

„Die Meike/Der Olli ist echt super!"

„Ich bin froh, dass ihr zusammen gehört."

„Ich finde schön, dass du so einen tollen Computer hast."

5. Gebot
Du sollst nicht morden!

6. Gebot
Du sollst nicht die Ehe brechen!

7. Gebot
Du sollst nicht stehlen!

8. Gebot
Du sollst nicht falsch gegen deinen Nächsten aussagen!

9. Gebot
Du sollst nicht begehren deines Nächsten Frau!

10. Gebot
Du sollst nicht begehren deines Nächsten Hab und Gut!

„Der gehört erschlagen."

„Ich liebe dich nicht mehr und halte nicht mehr zu dir."

„Diese CD habe ich aus dem Kaufhof mitgehen lassen."

„Hau ab, du Blödmann – du dumme Kuh!"

„Die Freundin von meinem Bruder mag ich lieber als dich!"

„Den Computer von meinem Freund muss ich auch haben!"

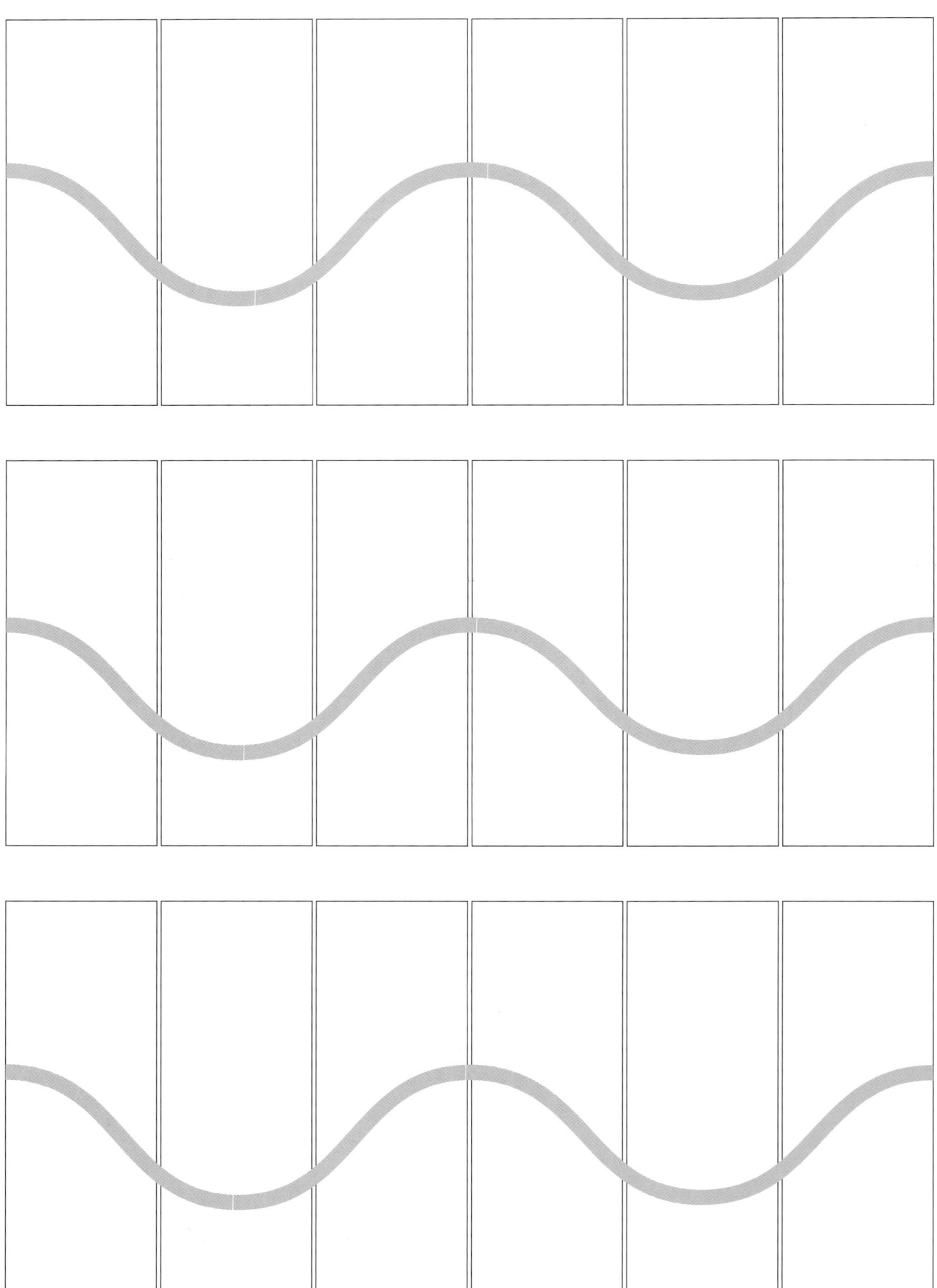

Station 4

☺ oder ☺ ☺

Lass dich nicht einschüchtern!

Lottospiel

 Darum geht's:

Goldene Kälber wie in der biblischen Geschichte gibt es heute nicht mehr. Aber es gibt andere Dinge, die Menschen heute manchmal wie ihren Gott verehren und damit angeben/protzen. Wenn du das erkennst, weißt du, warum die Geschichte heute noch wichtig ist. Denn auch Kinder möchten mit ihren „goldenen Kälbern" andere beeindrucken.

Was du auf diese Angebereien sagen kannst, erfährst du in dieser Station.

 So könnt ihr vorgehen:

1. Schaut das goldene Kalb auf der gelben Karte an und überlegt, welche „goldenen Kälber" Kinder haben könnten. Erzählt euch eure Ideen.
2. Auf der Rückseite findet ihr einige Beispiele, wie Kinder über ihre „goldenen Kälber" reden. Lest sie euch durch.
3. Auf den roten Kärtchen stehen Antworten, die ihr zu diesen Kindern als Erwiderung sagen könntet. Lest euch auch diese Antworten genau durch.
4. Ordnet den einzelnen Aussagen eine passende Antwort zu. Legt dazu die Antwortkarte mit der Schrift nach oben auf die entsprechende Aussage.
5. Dreht nun alle roten Kärtchen um. Habt ihr alle Antwort-Karten richtig zugeordnet, dann ist aus der Rückseite der Antwort-Karten ein Bild entstanden.

 Das benötigt ihr:

- gelbes Lotto-Feld mit 9 Aussagen
- 9 rote Antwort-Kärtchen

Lottofeld

„Für meinen Gameboy lasse ich jede Verabredung mit meinem Freund sausen."	„Wenn es keine Nudeln oder Pommes zum Mittagessen gibt, esse ich eben nichts."	„Ich bin total sauer, wenn ich meine Zeichen-trickserie am Nachmittag ver-passe."
„Einer, der keine Nike-Turnschuhe hat, darf nicht in meiner Mann-schaft spielen."	„Zu meinen Freunden kann nur einer gehören, der im Fußball Spitze ist."	„Mädchen mit abgetragenen Kleidern finde ich eklig."
„Wenn einer über meinen Hund Tasso lästert, ist er bei mir unten durch."	„Die lade ich nicht mehr ein. Bei der gab es bloß Aufkleber als Preise beim Spielen."	„Zu mir nach Hause dürfen nur Kinder kommen, die genauso gut in der Schule sind wie ich."

Rückseite des Lottofeldes

Was du antworten kannst

„Die Sendung wird doch oft wiederholt. Aber der Nachmittag mit den Freunden ist einmalig."	„Ich bin froh, dass meine Mutter für mich sorgt, auch wenn es nicht meine Leibspeise gibt."	„Wenn ich mich mit einem Freund verabredet habe, kann er sich auf mich verlassen."
„Hast du schon daran gedacht, dass es Wichtigeres gibt als die neuesten Kleider?"	„Jeder kann etwas anderes gut. Deshalb könnten wir von einander lernen."	„An einem echten Freund sind mir andere Eigenschaften wertvoller."
„Es ist schön, wenn ich Schwächeren mit meinen Fähigkeiten weiterhelfen kann."	„Hauptsache ist meiner Meinung nach, dass es für alle ein schöner Spielenachmittag war."	„Jemand, der deine Tierliebe nicht teilt, kann doch trotzdem in Ordnung sein."

Rückseite für die Antwortkärtchen

Station 5

Wer sagt die Wahrheit?

Detektivspiel

 Darum geht's:

Seit einigen Wochen gibt es unter den Schülerinnen und Schülern der beiden 4. Klassen immer wieder Streit. Wenn die Klassenlehrer den Streit schlichten wollen, bleibt zunächst kaum einer bei der Wahrheit. Sie wollen sich durchmogeln und verstoßen so gegen das 8. Gebot. Du sollst herausfinden, wo in der Geschichte die Wahrheit gesagt wird und wo nicht.

 So kannst du vorgehen:

1. Die Geschichte „Streit auf dem Schulhof" findest du auf zwei schmalen Blättern.
2. Lege diese Blätter auf die leeren Felder der Grundblätter mit den weißen und schwarzen Kreisen.
3. Lies nun die Geschichte durch.
4. An bestimmten Stellen der Geschichte findest du eine Zahl (z.B. ❶). Hier musst du entscheiden, ob an dieser Stelle die Wahrheit oder die Unwahrheit gesagt wird.
5. Wenn die Wahrheit gesagt wird, legst du einen weißen Mühlstein auf das weiße Feld in der rechten Spalte. Wenn die Unwahrheit gesagt wird, kommt ein schwarzer Mühlstein auf das schwarze Feld.
6. Nicht immer kannst du sofort erkennen, ob die Wahrheit gesagt wird oder nicht. Dann lies einfach weiter! Am Ende der Geschichte sollte aber alles klar sein.
7. Du darfst während des Lebens auch deine Meinung ändern und die Steine austauschen.
8. So kannst du überprüfen, ob du richtig entschieden hast:
   ➪ Drehe das Blatt mit der Geschichte um. Auf der Rückseite siehst du, wie die Mühlsteine verteilt sein müssen.

 Das benötigst du:

- Grundblatt 1 und 2 mit weißen und schwarzen Kreisen ● ○ auf der rechten Seite
- Geschichte „Streit auf dem Schulhof"
- Lösung zum Kopieren oder Kleben auf die Rückseiten der Geschichte
- 16 schwarze und weiße Mühlesteine

Streit auf dem Schulhof – Grundblatt 1

Streit auf dem Schulhof – Grundblatt 2

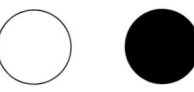

Streit auf dem Schulhof

Auf dem hinteren Teil des Schulhofes spielen die Jungen immer Fußball. Heute spielen die beiden vierten Klassen gegeneinander. Die Jungen haben sich so richtig reingesteigert, nachdem Johannes das erste Tor geschossen hat. Markus versucht sein Bestes, um den Ausgleichstreffer zu schaffen, wird aber immer wieder abgedrängt. Plötzlich ertönt lautes Geschrei, Johannes und Markus sind aufeinander losgegangen, halten sich an den T-Shirts fest und schlagen aufeinander ein. Frau Stengelin, die Pausenaufsicht hat, läuft sofort hin, packt beide fest am Arm und zieht sie auseinander. „Was ist hier los?", will sie wissen und sofort hört sie ganz verschiedene Stimmen.

Markus sagt empört. „Schon beim Anstoß haben die anderen uns Flaschen genannt." ❶

Johannes ruft verärgert dazwischen. „Stimmt gar nicht." ❷

Markus lässt nicht locker „Gleich am Anfang hat der Johannes den Hendrik am Hemd festgehalten, sonst hätte der das erste Tor geschossen." ❸

„Der Hendrik war noch weit vom Tor entfernt und hätte von dort gar nicht auf das Tor schießen können", erwidert Johannes. ❹

Da mischt sich Martin ein: „Und was war vorher? Da hat der Tobias dem Stefan ein Bein gestellt und der ist voll hingeflogen." ❺

Das bringt Tobias auf die Palme: „Das war Kampf Mann gegen Mann. Was kann ich dafür, wenn Stefan die Balance verliert?" ❻

Simon springt im bei: „Da ist doch gar nichts passiert in dem Moment. Der ist einfach nur gestolpert." ❼

Stefan ist wütend: „Ja, und wo soll dann die Schürfung an meinem Bein herkommen, du Schlaumi? Zur Zeit kann ich nur humpeln." ❽

„Und dann hast du zu Tobias einen Ausdruck gebraucht, den möchte ich hier nicht wiederholen", wirft Martin ein. ❾

„Stimmt gar nicht, das ist gelogen!", widerspricht Stefan. ❿

Jetzt wird es Frau Stengelin zu viel. „Ruhe!", ruft sie, „keiner sagt mehr ein Wort, bis er dran ist. Wir wollen den Streit in Ruhe klären. Euer Spiel ist doch ganz ruhig angelaufen, wie ich beobachtet habe. Wie ist es zum Streit gekommen? Hat es vor dem Spiel schon Zoff gegeben, Martin?"

„Naja, zu Beginn war es heute ganz friedlich, das mit den Flaschen war neulich mal." ⓫

„Nun zu dir Johannes? Hast du den Hendrick am Torschuss gehindert?"

„Das kann schon sein, aber er hätte kein Tor schießen können." ⓬

Da mischt sich Daniel, der Schülersprecher aus der 9. Klasse, ein: „Ich habe beim Spiel zugeschaut. Hendrick war sehr wohl in guter Schussposition." ⓭

„Also gut, es tut mir leid", sagt daraufhin Johannes.

„Jetzt zu dir, Stefan", fährt Frau Stengelin fort, „hat dir Tobias ein Bein gestellt?"

„So direkt kann man das nicht sagen, aber hingefallen bin ich und meine Strümpfe sind dreckig geworden", antwortet er. ⓮

„Und dieser Ausdruck, ist der gefallen?", fragt Frau Stengelin hartnäckig weiter.

„Nein, wirklich nicht! Ich habe nur wütend zu mir selbst gesprochen", antwortet Stefan. ⓯

„Da muss ich mich wohl verhört haben", sagt Martin. ⓰

„Gibt es sonst noch was?", fragt Frau Stengelin und schaut in die Runde. Keiner sagt etwas. „Na dann bis zum nächsten Fußballspiel 4a gegen 4b. Aber vor dem Spiel werde ich euch fragen, wie das 8. Gebot lautet."

Streit auf dem Schulhof
Lösung

Seite 2

Die Lösungen werden auf die Rückseiten der beiden Blätter mit
der Geschichte kopiert oder geklebt.

Seite 1

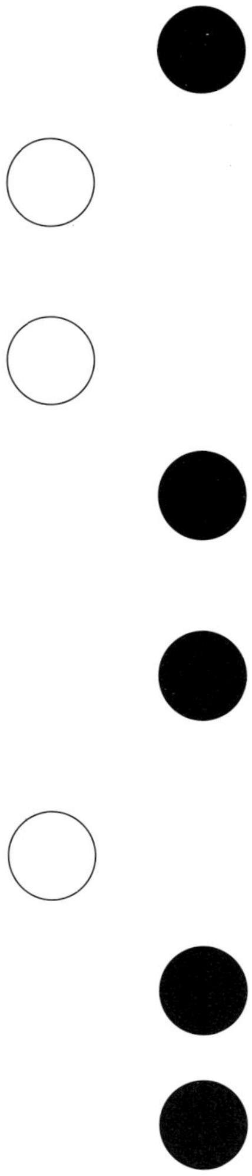

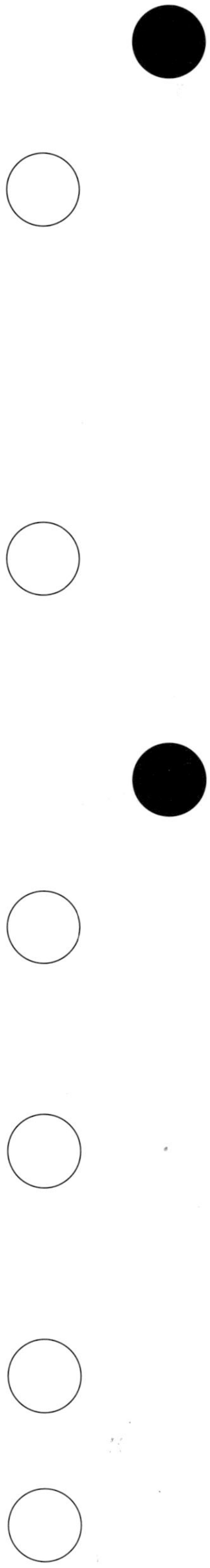

●

○

○

●

○

●

○

●

●

○

●

○

○

●

Streit auf dem Schulhof – Lösung

Auf dem hinteren Teil des Schulhofes spielen die Jungen immer Fußball. Heute spielen die beiden vierten Klassen gegeneinander. Die Jungen haben sich so richtig reingesteigert, nachdem Johannes das erste Tor geschossen hat. Markus versucht sein Bestes, um den Ausgleichstreffer zu schaffen, wird aber immer wieder abgedrängt. Plötzlich ertönt lautes Geschrei, Johannes und Markus sind aufeinander losgegangen, halten sich an den T-Shirts fest und schlagen aufeinander ein. Frau Stengelin, die Pausenaufsicht hat, läuft sofort hin, packt beide fest am Arm und zieht sie auseinander. „Was ist hier los?", will sie wissen und sofort hört sie ganz verschiedene Stimmen.

Markus sagt empört. „Schon beim Anstoß haben die anderen uns Flaschen genannt." ❶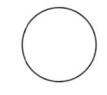

Johannes ruft verärgert dazwischen. „Stimmt gar nicht." ❷

Markus lässt nicht locker „Gleich am Anfang hat der Johannes den Hendrik am Hemd festgehalten, sonst hätte der das erste Tor geschossen." ❸

„Der Hendrik war noch weit vom Tor entfernt und hätte von dort gar nicht auf das Tor schießen können", erwidert Johannes. ❹

Da mischt sich Martin ein: „Und was war vorher? Da hat der Tobias dem Stefan ein Bein gestellt und der ist voll hingeflogen." ❺

Das bringt Tobias auf die Palme: „Das war Kampf Mann gegen Mann. Was kann ich dafür, wenn Stefan die Balance verliert?" ❻

Simon springt im bei: „Da ist doch gar nichts passiert in dem Moment. Der ist einfach nur gestolpert." ❼

Stefan ist wütend: „Ja, und wo soll dann die Schürfung an meinem Bein herkommen, du Schlaumi? Zur Zeit kann ich nur humpeln." ❽

„Und dann hast du zu Tobias einen Ausdruck gebraucht, den möchte ich hier nicht wiederholen", wirft Martin ein. **❾**

„Stimmt gar nicht, das ist gelogen!", widerspricht Stefan. **❿**

Jetzt wird es Frau Stengelin zu viel. „Ruhe!", ruft sie, „keiner sagt mehr ein Wort, bis er dran ist. Wir wollen den Streit in Ruhe klären. Euer Spiel ist doch ganz ruhig angelaufen, wie ich beobachtet habe. Wie ist es zum Streit gekommen? Hat es vor dem Spiel schon Zoff gegeben, Martin?"

„Naja, zu Beginn war es heute ganz friedlich, das mit den Flaschen war neulich mal." **⓫**

„Nun zu dir Johannes? Hast du den Hendrick am Torschuss gehindert?"

„Das kann schon sein, aber er hätte kein Tor schießen können." **⓬**

Da mischt sich Daniel, der Schülersprecher aus der 9. Klasse, ein: „Ich habe beim Spiel zugeschaut. Hendrick war sehr wohl in guter Schussposition." **⓭**

„Also gut, es tut mir leid", sagt daraufhin Johannes.

„Jetzt zu dir, Stefan", fährt Frau Stengelin fort, „hat dir Tobias ein Bein gestellt?"

„So direkt kann man das nicht sagen, aber hingefallen bin ich und meine Strümpfe sind dreckig geworden", antwortet er. **⓮**

„Und dieser Ausdruck, ist der gefallen?", fragt Frau Stengelin hartnäckig weiter.

„Nein, wirklich nicht! Ich habe nur wütend zu mir selbst gesprochen", antwortet Stefan. **⓯**

„Da muss ich mich wohl verhört haben", sagt Martin. **⓰**

„Gibt es sonst noch was?", fragt Frau Stengelin und schaut in die Runde. Keiner sagt etwas. „Na dann bis zum nächsten Fußballspiel 4a gegen 4b. Aber vor dem Spiel werde ich euch fragen, wie das 8. Gebot lautet."

Station 6
☺ oder ☺ ☺

Die goldene Regel
Gleichgewichtstraining mit einer Waage

 Darum geht's:

Jesus wurde einmal gefragt: Wie soll ich richtig handeln? Jesus antwortete: „Alles, was ihr also von anderen erwartet, das tut auch ihnen! Darin besteht das Gesetz und die Propheten." (Mt 7,12) Diesen Satz nennt man auch die goldene Regel.
Was Jesus da gesagt hat, erinnert an eine Waage. Auf der einen Waagschale liegt das, was ich von anderen erwarte, auf der anderen Waagschale das, was ich dann tun soll. Was ich *anderen* tue und was andere *mir* tun sollen, soll also übereinstimmen. In dieser Station sollt ihr mit Hilfe einer Waage solche übereinstimmenden Paare finden.

 So kannst du vorgehen:

1. Stelle die Waage auf und trenne helle und dunkle Döschen voneinander.
2. Nimm ein helles Döschen und lies, was darauf steht.
3. Jetzt musst du herausfinden, welches dunkle Döschen dazu passt. Lies, das was auf den dunklen Döschen steht. Überlege, welches dunkle Döschen zu dem hellen Döschen passt!
4. Überprüfe deine Entscheidung mit einer Waage. Passende Paare haben das gleiche Gewicht.
5. Bilde weitere Paare aus jeweils einem hellen und einem dunklen Döschen, bis alle zugeordnet sind.
6. Wenn du alle Döschen zu Paaren zusammengestellt hast, kannst du leicht das Arbeitsblatt bearbeiten. Zeichne die richtigen Pfeile ein und hefte das Blatt in deiner Freiarbeitsmappe ab.

 Das benötigst du:

• Waage
• 12 helle Döschen mit Erwartungen, die ich an andere habe.
• 12 dunkle Döschen mit Vorsätzen, die ich tun will.
• Arbeitsblatt

Die Goldene Regel

Alles, was ihr also von anderen erwartet, das tut auch ihnen. Darin besteht das Gesetz und die Propheten. (Mt 7,12)

Vorbereitung der (Film-)Döschen

- 12 helle und 12 dunkle Döschen werden so mit Sand gefüllt, dass je zwei Döschen – ein helles und ein dunkles – das gleiche Gewicht haben.
- Die Kopiervorlage zur Beschriftung der Filmdöschen wird zerschnitten. Große und kleine Zettelchen werden getrennt.
- Auf die Außenseite der hellen Döschen werden die großen Zettel mit Erwartungen, die ich an andere habe, geklebt.
- Auf die Unterseite der dunklen Döschen werden die kleinen Zettel geklebt mit Vorschlägen, wie ich mich verhalten will. So entstehen korrespondierende Paare, z.B.: Ich erwarte, dass andere freundlich zu mir sind – Ich gehe gut mit anderen um.

Zuerst durch Überlegen und dann mit Hilfe einer Waage sollen die Schüler/innen herausfinden, welche Döschen zusammen gehören. Ist die Waage im Gleichgewicht, so haben sie ein Verhalten gefunden, das zur goldenen Regel passt.

Kopiervorlage zur Beschriftung der Döschen

Ich erwarte, dass andere freundlich zu mir sind.
Andere sollen mir nicht weh tun.
Niemand soll meine Sachen beschädigen.
Niemand soll bei anderen über mich lästern.
Ich erwarte, dass andere mir zuhören.
Wer mir einen Schaden zufügt, soll es zugeben und den Schaden wieder gut machen.
Ich möchte nicht, dass andere sich über mich lustig machen.
Ich möchte etwas von der Nähe Gottes spüren können.
Ich möchte, dass meine Eltern für mich da sind.
Ich erwarte, dass andere mich nicht im Stich lassen.
Ich möchte nicht benachteiligt werden.
Andere sollen ehrlich zu mir sein und mich nicht anlügen.

Ich gehe gut mit anderen um.
Ich verletze niemanden.
Ich gebe Acht auf das, was anderen gehört.
Ich rede nicht schlecht über andere.
Ich lasse andere ausreden.
Ich stehe zu dem, was ich falsch gemacht habe, und mache es wieder gut.
Ich vermeide Schimpfwörter und Hänseleien.
Ich nehme mir Zeit für Gott, besonders am Sonntag.
Ich liebe meine Eltern und helfe ihnen.
Ich helfe anderen, wenn sie in Not sind.
Ich gebe anderen das, was ihnen zusteht.
Ich bleibe bei der Wahrheit.

Die goldene Regel
Gleichgewichtstraining mit einer Waage
Arbeitsblatt

Zeichne Pfeile zwischen den jeweils zusammengehörigen Kästchen

Das erwarte ich von anderen	Das tue ich
Ich erwarte, dass andere freundlich zu mir sind.	Ich gebe Acht auf das, was anderen gehört.
Andere sollen mir nicht weh tun.	Ich stehe zu dem, was ich falsch gemacht habe, und mache es wieder gut.
Niemand soll meine Sachen beschädigen.	Ich gehe gut mit anderen um.
Niemand soll bei anderen über mich lästern.	Ich nehme mir Zeit für Gott, besonders am Sonntag.
Ich erwarte, dass andere mir zuhören.	Ich liebe meine Eltern und helfe ihnen.
Wer mir einen Schaden zufügt, soll es zugeben und den Schaden wieder gut machen.	Ich gebe anderen das, was ihnen zusteht.
Ich möchte nicht, dass andere sich über mich lustig machen.	Ich helfe anderen, wenn sie in Not sind.
Ich möchte etwas von der Nähe Gottes spüren können.	Ich rede nicht schlecht über andere.
Ich möchte, dass meine Eltern für mich da sind.	Ich lasse andere ausreden
Ich erwarte, dass andere mich nicht im Stich lassen.	Ich bleibe bei der Wahrheit.
Ich möchte nicht benachteiligt werden.	Ich verletze niemanden.
Andere sollen ehrlich zu mir sein und mich nicht anlügen.	Ich vermeide Schimpfwörter und Hänseleien.

Hefte dieses Blatt in deine Stationenmappe!

| **Station 7**  | **Unsere Klasse schließt einen Bund** |
| ☺ und später alle | Gemeinschaftsarbeit |

 ## Darum geht's:

Damit sich in einer Klasse alle Schüler/innen wohl fühlen können, muss jeder für den anderen eintreten und alle müssen zusammen halten. Dann können alle spüren: „Wir gehören zusammen, wir können uns aufeinander verlassen, wir sind untereinander verbündet."

Wer zu diesem Klassenbund gehören will, muss aber auch etwas dazu beitragen, z.B. ein Versprechen, worauf sich die anderen verlassen können:

- Ich werde zu meinen Freunden halten.
- Wenn ich Süßigkeiten habe, teile ich sie mit anderen.

Es gibt noch viel mehr solcher Versprechen. Denke dir eines aus, an das du dich in der Klasse halten willst.

 ## So kannst du vorgehen:

1. Suche dir einen ruhigen Ort im Klassenzimmer, wo du dich hinsetzen oder sogar hinlegen kannst.
2. Lege dir den Kassettenrekorder/CD-Player mit Fantasiereise und Kopfhörer zurecht.
3. Höre dir die Fantasiereise an und schreibe das Versprechen, das dir besonders schön geklungen hat, in schöner Schrift auf ein „Bundesblatt."
4. Gestalte dieses Blatt mit Farben, kleinen Bildern und Zeichen, die dazu passen. Bewahre das Blatt in deiner Mappe auf, bis es für den Bundesschluss mit der ganzen Klasse benötigt wird.

 ## Das benötigst du:

- Fantasiereise zu einem eigenen Versprechen für den Klassenbund
- Kassettenrekorder/CD-Player und Kopfhörer
- Bundesblatt
- Farben zum Gestalten

Fantasiereise zu einem eigenen Versprechen für den Klassenbund

Für eine Fantasiereise ist es wichtig, dass du dir einen angenehmen Platz suchst, wo du Raum und Zeit für dich hast. Am besten ist es, wenn du eine Decke als Unterlage hast und dich in einer ruhigen Ecke flach auf den Rücken legst. Lege die Arme locker neben den Körper und die Beine nebeneinander, ohne dass sie sich berühren. Du kannst spüren, wie dein Körper die Unterlage berührt, von der er getragen wird, wie du dich noch ein wenig zurechtrücken kannst und wie der Körper sich selbst zurechtrückt. Du kannst aber auch ruhig auf einem Stuhl sitzen, ohne dass ein Tisch dich beengt. Dein Rücken sollte guten Kontakt zur Lehne des Stuhls haben und aufrecht gerichtet sein. Deine beiden Füße berühren den Boden und stehen locker nebeneinander. Die beiden Arme lässt du locker auf oder neben die Oberschenkel fallen. Es ist wichtig, dass du dich wohl und bequem fühlst.

Wenn du so den richtigen Platz gefunden und den Kopfhörer aufgesetzt hast, hörst du den Klang der Musik und du beginnst dich zu entspannen. Du spürst den Kopfhörer an deinen Ohren und bist neugierig, was die Stimme gleich zu dir sagen wird. Indem du deinen Augen erlaubst, sich zu schließen, kannst du der Fantasiereise noch konzentrierter folgen. Du fragst dich, wohin dich die Reise führen wird und ob du die ineren Bilder sehen wirst.

Stelle dir vor, du befindest dich auf einer schönen Wiese. Vielleicht kannst du die Bewegungen der Grashalme und Blumen im Wind beobachten, während du den leichten, sanften Hauch der Luft in deinen Haaren und im Gesicht spürst. Und während du das wahrnimmst, kannst du vielleicht auch den Duft des Grases riechen, so dass du tief einatmest und dann beim Ausatmen dieses angenehme Gefühl der Entspannung noch deutlicher spürst.

Ich weiß nicht, ob du schon gemerkt hast, dass es auf deiner Wiese auch etwas zu hören gibt. Vielleicht sind es die Vögel, die über die Wiese fliegen und sich beim Vorbeifliegen etwas zurufen, oder die Bienen, die von Blume zu Blumen summen oder die Grillen, die nicht aufhören zu zirpen. Höre genau hin, was sie einander zurufen:

✳ Ich werde immer zu meinen Freunden halten.
✳ Wenn Streit entsteht, werde ich mich bemühen, ihn zu schlichten, ohne Partei zu ergreifen.
✳ Ich achte darauf, dass mein Schulplatz immer gut aufgeräumt ist.
✳ Wenn jemand vom Spiel ausgeschlossen wird, versuche ich, ihn wieder herein zu holen.
✳ Ich werde versuchen, mich erst zu melden und dann zu reden.
✳ Wenn ich Süßigkeiten habe, teile ich sie mit anderen.
✳ Wenn jemand ausgelacht wird, versuche ich, ihn zu verstehen.
✳ Ich stelle mir genau vor, wie ich regelmäßig meine Hausaufgaben mache.
✳ Ich wähle jeden Tag eine Schulstunde aus, in der ich besonders aktiv mitarbeite.
✳ Ich überlege, wie ich meinen Eltern eine Freude bereiten kann.

Während du die Sätze gehört hast, hast du gespürt, welcher Satz besonders schön geklungen hat. Diesen Satz wiederholst ganz leise, um ihn dir zu merken. …

Genieße jetzt noch für einige Zeit diese schöne Wiese mit den Sätzen wie Musik, um dann langsam und sicher zurück zu kommen, so wie man aus einem Traum erwacht.
Und während du aufwachst, fühlst du, wie du klarer und immer deutlicher wach wirst. Dein Körper wird wacher und auch dein Geist. Du kannst dich so fühlen, wie wenn du von einem interessanten Ausflug zurück kehrst.

Kannst du dich noch an den Satz erinnern, der besonders schön geklungen hat?

Die Klasse .... der .... Schule schließt einen Bund

Name: _____

Ich gehöre dazu.
Ich werde ...

_____

_____

Denke dir ein Versprechen aus, an das du dich halten willst.

Hier ein Loch bohren und das Band/Seil hindurch ziehen

Hier ein Loch bohren und das Band/Seil hindurch ziehen

Gestalte dieses Blatt mit Farben, kleinen Bildern und Zeichen, die zu deiner Klasse passen. Bewahre das Blatt in deiner Stationenmappe auf. Es wird am Ende noch einmal benötigt.

Station 8

Was ist das wichtigste Gebot?

Puzzle

 Darum geht's:

Ob wir zu Hause sind oder in der Schule, auf der Straße oder im Sportverein, überall gibt es Regeln und Gebote. „Räum dein Zimmer auf!" „Lernt die Sätze bis zur nächsten Stunde!" „Beim Fahrradfahren einen Helm aufsetzen!" „Alle müssen regelmäßig zum Training kommen!" – von solchen Geboten gibt es ziemlich viele. Ja, und die Zehn Gebote, die kommen natürlich auch noch dazu. Das ergibt eine ganz schöne Menge von Geboten. Wie soll man die alle im Kopf haben? Da kann man doch leicht den Überblick verlieren!

Wie du mit diesem Problem fertig werden kannst, das erfährst du in dieser Station.

 So kannst du vorgehen:

1. Vor dir liegt ein Puzzle. Die Puzzleteile haben eine blaue und eine rote Oberfläche. Lege alle Teile mit der blauen Seite nach oben.
2. Versuche nun das Puzzle richtig zusammenzusetzen. Lege dazu die Teile auf eine Pappunterlage, damit du das fertige Puzzle am Ende umdrehen kannst.
3. Wenn das Puzzle fertig ist, drehe es mit Hilfe der Pappunterlage vorsichtig herum.
4. Auf der Rückseite findest du zwei Sätze. Lies sie durch.
5. Du sollst nun noch herausfinden, wie diese beiden Sätze mit den Zehn Geboten zusammen hängen. Schlage dazu im Neuen Testament die Stelle Mt 22, 34–40 auf und lies sie durch. Dann kannst du die Lücken auf dem Arbeitsblatt füllen.
6. Fülle das Arbeitsblatt aus und gestalte es.

 Das benötigst du:

- Puzzle mit Farblithographie von Alfred Manessier, 1949
- Pappunterlage
- Neues Testament
- Arbeitsblatt

Du sollst den Herrn, deinen
Gott, lieben mit ganzem Herzen,
mit ganzer Seele und mit all
deinen Gedanken. Das ist das
wichtigste und erste Gebot.
Ebenso wichtig ist das zweite:
Du sollst deinen Nächsten
lieben wie dich selbst.
(Mt 22,37–38)

Vorlage für Puzzle

4. Du sollst Vater und Mutter ehren!

5. Du sollst nicht morden!

6. Du sollst nicht die Ehe brechen!

7. Du sollst nicht stehlen!

8. Du sollst nicht falsch gegen deinen Nächsten aussagen!

9. Du sollst nicht begehren deines Nächsten Frau!

10. Du sollst nicht begehren deines Nächsten Hab und Gut!

1. Du sollst keine anderen Götter neben mir haben!

2. Du sollst den Namen Gottes nicht missbrauchen!

3. Gedenke, dass du den Sabbat heiligst!

Welches Gebot ist das wichtigste?
Arbeitsblatt

Schlage Mt 22, 34–40 auf und lies den Text durch. Dann kannst du die fehlenden Worte im Lückentext ergänzen:

Als die Pharisäer hörten, dass Jesus die Sadduzäer zum Schweigen gebracht hatte, kamen sie zusammen. Einer von ihnen, ein Gesetzeslehrer, wollte ihn auf die _____ stellen und fragte ihn: _____, welches Gebot im Gesetz ist das wichtigste? Er antwortet ihm: Du sollst den Herren, deinen Gott, lieben mit ganzem _____, mit ganzer Seele und mit all deinen _____. Das ist das wichtigste und erste Gebot. Ebenso wichtig ist das zweite: Du sollst deinen Nächsten lieben wie _____ selbst. An diesen beiden Geboten hängt das ganze _____ samt den Propheten.

> Trage in das Herz die zwei wichtigsten Gebote ein, fülle die Lücken und gestalte das Blatt mit Farben, die dazu passen. Dann hefte das Blatt in deine Stationenmappe!

69

Station 9
☺ oder ☺ ☺

Der Sonntagsreporter
Befragung und Bastelarbeit

 Darum geht's:

Manchmal sind Sonntage furchtbar langweilig. Kennst du das? Dabei ist der Sonntag doch ein besonderer Tag. Wenn man selbst nicht weiter weiß, ist es oft gut, andere nach ihren Ideen zu befragen. In dieser Station kannst du dich auf die Suche machen und herausfinden, was für andere den Sonntag zu einem besonderen Tag macht.

Damit du dich daran erinnerst, was du heraus gefunden hast, sollst du anschließend eine Sonntagsuhr basteln.

 So kannst du vorgehen:

1. Überlege dir, wen du alles befragen könntest. Mache dir eine Liste der Namen.
2. Nun schreibe auf, was du fragen willst, z.B.:
   - Was machst du am Sonntag gerne?
   - Mit wem verbringst du den Sonntag am liebsten?
3. Mache dir nach jedem Interview Notizen.
4. Bestimmt ist vieles dabei, das dir hilft, dass der Sonntag auch für dich ein besonderer Tag wird.
5. Nimm den Bastelbogen „Meine Sonntagsuhr", schreibe das, was dir wichtig ist, in die vorbereiteten Felder und gestalte die Sonntagsuhr bunt.
6. Damit deine Sonntagsuhr länger hält, kannst du sie mit Klebefolie überkleben.
7. Befestige zum Schluss den Zeiger in der Mitte mit einer Musterbeutelklammer.
8. Stelle die Sonntagsuhr zu Hause vor.

 Das benötigst du:

- Bastelbogen „Meine Sonntagsuhr"
- Notizzettel und Stift
- Musterbeutelklammer

Bastelbogen: Meine Sonntagsuhr

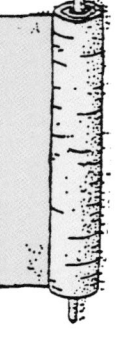

Station 10 ☺	Mose spürt die Nähe Gottes
	Fantasiereise und Umrissbild

 Darum geht's:

Die Bibel erzählt, wie Mose auf den Berg Sinai stieg und dort die Tafeln mit den Geboten von Gott erhielt. So eine Begegnung mit Gott ist auch in der Bibel immer etwas ganz Besonderes. Manchmal können wir auch die Nähe Gottes ein wenig spüren, so wie Mose die Nähe Gottes gespürt hat. Aber kein Mensch kann mit Worten sagen, wie Gott wirklich ist. In dieser Station kannst du versuchen, mit Farben auszudrücken, wie Mose sich Gott ganz nahe gefühlt hat.

 So kannst du vorgehen:

1. Suche dir einen ruhigen Platz.
2. Setze den Kopfhörer auf und schalte die Musik an.
3. Nimm das Blatt mit der Fantasiereise und beginne ganz ruhig und langsam zu lesen. Lass dich von der Geschichte an einen Ort bringen, an dem Mose Gott begegnet sein könnte.
4. Wenn du zu Ende gelesen hast, nimm das Umrissbild und betrachte es eine Weile.
5. Wähle die Farben aus, mit denen du am besten ausdrücken kannst, wie Mose die Nähe Gottes gespürt hat. Fange an das Bild zu gestalten. Mit welcher Farbe willst du beginnen?
6. Hefte das Blatt in deine Stationenmappe.

 Das benötigst du:

- Kassettenrekorder/CD-Player mit meditativer Musik und Kopfhörer
- Fantasiereise auf einen hohen Berg
- Umrissbild
- Malkreiden

Fantasiereise auf einen hohen Berg

Du hörst die Musik.
Auch in dir wird es langsam ruhig.
Du spürst, wie dein Atem kommt und geht.

In Gedanken machst du dich auf eine Reise zu einem hohen Berg.
Nach einer langen Wanderung bist du auf der Spitze angekommen.

Um dich herum ist Ruhe – klare Luft.
Du fühlst dich wohl.
Du bist etwas müde. Deine Glieder sind schwer.
Du ruhst dich aus.

Nun schaust du dir die nähere Umgebung an.
Du siehst dir alles genau an.
Was siehst du da zu deinen Füßen?
Welche Geräusche kannst du hören?
Kannst du etwas riechen?
Spürst du den Wind auf deiner Haut?

Du siehst die weitere Umgebung.
Weit unter dir siehst du Täler und kleinere Gipfel.
Auf manchen von ihnen liegt noch Schnee.
Vielleicht kannst du einen Fluss oder einen See erkennen.

Du siehst geradeaus zum Horizont.
Du schaust nach oben zum Himmel.
Siehst du Wolken?
Dann schau nach ihren Formen und Farben.
Du siehst, wie sie am Himmel ziehen.

Hier auf dem Berg kannst du dich wie Mose Gott ganz nahe fühlen.
Du spürst diese Nähe und wirst ganz ruhig.

Du bist schwer, warm und gelöst.
Der Atem geht ruhig und gleichmäßig.
Du bist ganz ruhig und entspannt.
Genieße die Ruhe noch eine Weile.

Nimm dann das Blatt mit dem Umrissbild.
Es zeigt Mose auf dem Berg.

Wähle die Farben aus, mit denen du am besten ausdrücken kannst, wie Mose die Nähe
Gottes gespürt hat.
Fange an das Bild zu gestalten.
Mit welcher Farbe willst du beginnen?

Umrissbild

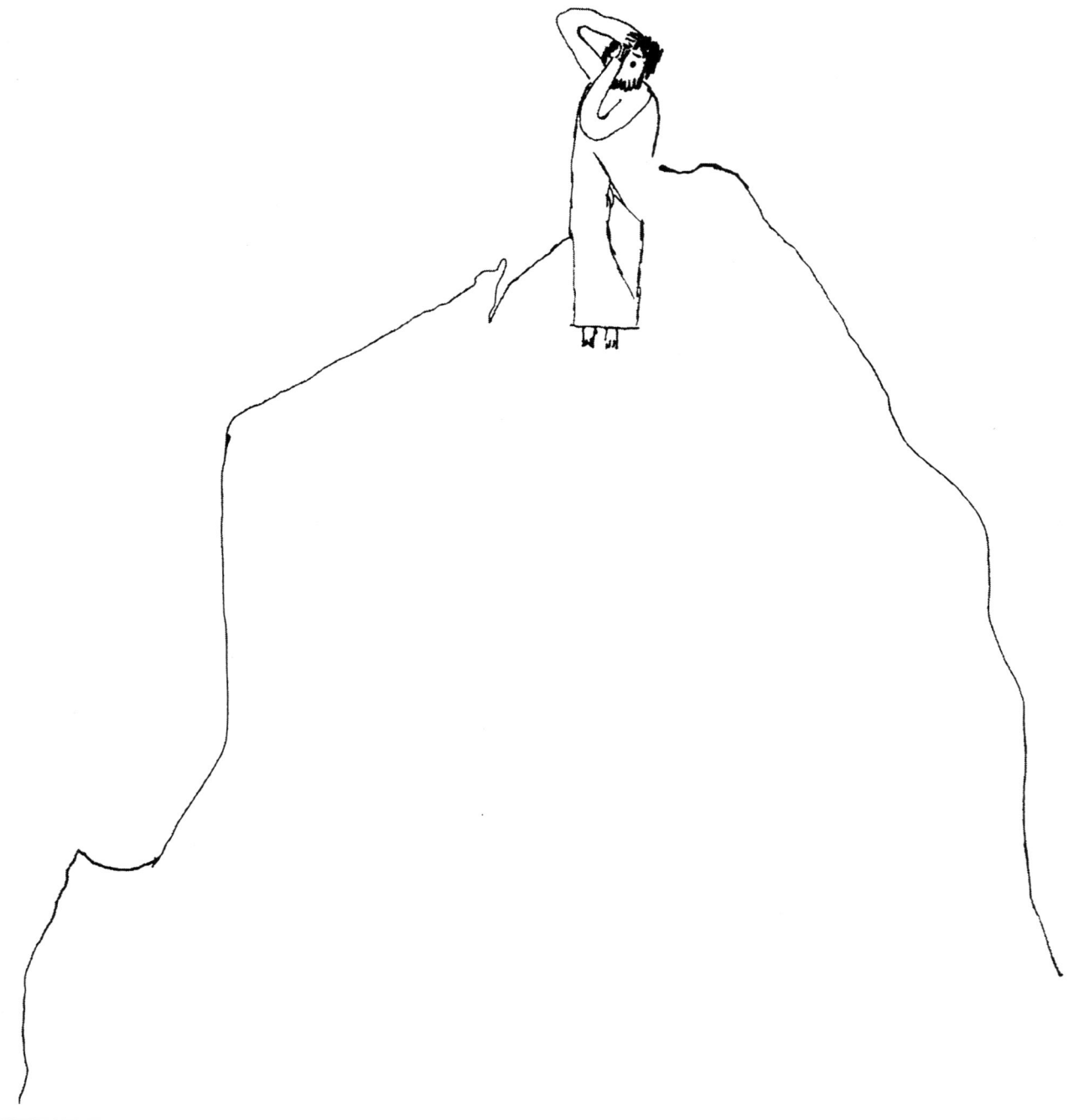

1. *Wenn du die Geschichte zu Ende gelesen hast, nimm das Umrissbild und beachte es eine Weile.*
2. *Wähle die Farben aus, mit denen du am besten ausdrücken kannst, wie Mose die Nähe Gottes gespürt hat. Fange an das Bild zu gestalten. Mit welcher Farbe willst du beginnen?*
3. *Hefte das fertige Blatt in deine Stationenmappe*

Station 11
☺ oder ☺ ☺

Die Zehn Gebote als Comics
Ratespiel

 Darum geht's:

Ihr kennt die Zehn Gebote schon ganz gut. Hier könnt ihr mit Comiczeichnungen erraten, nach welchem Gebot gefragt wird.

 So kannst du vorgehen:

1. Nehmt euch die ineinander gepackten Dosen und lest auf dem Deckel, nach welchem Gebot gesucht wird.
2. Wenn ihr es nicht erraten könnt, öffnet die Dose. Auf der Innenseite des Deckels findet ihr einen kleinen Comic, der euch beim Raten hilft.
3. So könnt ihr überprüfen, ob ihr es richtig erraten habt: Nehmt die kleineren Dosen heraus. Auf dem Boden der Dose findet ihr die Lösung.
4. Zum Weiterraten geht's einfach weiter wie unter 1. erklärt wurde.
5. Nach zehn Dosen kommen noch zwei. Hier wird euch eine Frage gestellt, die auch Jesus beantworten musste. Seine Antwort nennt man das „Hauptgebot der Liebe". Aber lasst euch einfach überraschen!
6. Wenn ihr richtig geraten habt, könnt ihr leicht das Arbeitsblatt bearbeiten und anschließend in der Mappe abheften.

 Das benötigst du:

- 12 Dosen, die ineinander gepackt sind
- Arbeitsblatt zum Eintragen der Gebote

Vorlagen für die Beschriftungen der zwölf Dosen

Für die Oberseiten der Deckel:

1. Gebot?

2. Gebot?

3. Gebot?

4. Gebot?

5. Gebot?

6. Gebot?

7. Gebot?

8. Gebot?

9. Gebot?

10. Gebot?

Für die Unterseiten der Böden:

1. Du sollst keine anderen Götter neben mir haben!

2. Du sollst den Namen Gottes nicht missbrauchen!

3. Du sollst den Feiertag heilig halten!

4. Du sollst Vater und Mutter ehren!

5. Du sollst nicht morden!

6. Du sollst nicht Ehe brechen!

7. Du sollst nicht stehlen!

8. Du sollst nicht falsch gegen deinen Nächsten aussagen!

9. Du sollst nicht begehren deines Nächsten Frau!

10. Du sollst nicht begehren deines Nächsten Hab und Gut!

Meister, welches Gebot im Gesetz ist das wichtigste?

Du sollst den Herrn, deinen Gott lieben mit ganzem Herzen, mit ganzer Seele und mit all deinen Gedanken. Und du sollst deinen Nächsten lieben wie dich selbst!

Comics zum Einkleben auf die Innenseiten der Deckel der Dosen

Die Zehn Gebote als Comics – Arbeitsblatt
Schreibe die richtigen Gebote unter die Comics

_____ _____ _____

_____ _____ _____

_____ _____ _____

_____

_____

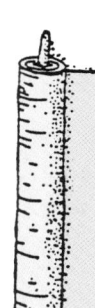
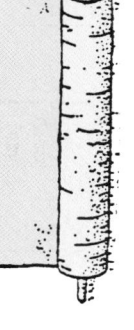

Station 12

☺ oder ☺ ☺

Ich hab was, was du nicht hast!

Würfel- und Gesprächsspiel

 ## Darum geht's:

Menschen möchten von den anderen beachtet werden und Ansehen haben. Sie versuchen das zu erreichen, indem sie erzählen und zeigen, was sie alles vorweisen können. Dabei achten sie auch darauf, ob sie mehr oder weniger als andere haben. Wer weniger hat, ist leicht neidisch auf den, der scheinbar mehr hat.

Bei diesem Gesprächsspiel kannst du erfahren, wie es ist, wenn du etwas bekommst und wie es ist, wenn du etwas abgeben musst.

 ## So könnt ihr vorgehen:

1. Geht zu zweit zusammen, stellt den Karton mit den Bildkarten zwischen euch und nehmt euch den Spielplan, die Ereigniskarten, einen Würfel, eine Spielfigur und einen Folienstift.
2. Vor dem eigentlichen Würfelspiel sollt ihr acht Bildkarten „bewerten". Wie wichtig ist der Gegenstand für euch? Nehmt abwechselnd eine Bildkarte aus dem Karton.
   Unter jedem Bild seht ihr drei leere Kreise. Durch Ausmalen mit einem Folienstift sollt ihr den Gegenstand bewerten:

   ○○○ gar nicht wichtig   ●●○ wichtig
   ●○○ etwas wichtig   ●●● äußerst wichtig

   Erzählt euch gegenseitig, warum ihr die Gegenstände so bewertet. Fahrt abwechselnd so fort, bis jeder vier Karten gezogen und bewertet hat.
3. Jetzt kann das Würfelspiel beginnen: Lest die Spielanleitung durch und los geht's!
4. Habt ihr herausgefunden, zu welchem der Zehn Gebote dieses Spiel gut passen könnte? – Die richtige Antwort findet ihr innen auf dem Boden im Karton.

 ## Das benötigt ihr:

- Spielanleitung
- 24 Bild-Karten in einem Karton
- 24 Ereigniskarten (auf blaues Papier kopieren)
- Spielplan, Würfel, Spielfiguren, Folienstift

Spielanleitung

1. Wer die höchste Zahl würfelt, darf beginnen.
2. Würfele noch einmal und rücke um die gewürfelte Augenzahl vor. Je nach der Farbe des Feldes, wo du ankommst, passiert Folgendes:

   ⇨ **Grünes Feld:**   Du darfst eine Karte aus dem Karton ziehen.

   ⇨ **Rotes Feld:**   Der Partner darf dir eine Karte seiner Wahl nehmen.

   ⇨ **Gelbes Feld:**   Mischt eure Karten verdeckt und teilt die sie unter euch. Eine überzählige Karte kommt in den Karton zurück. Wer die meisten Karten mit leeren Punkten hat, darf eine weitere Karte ziehen.

   ⇨ **Blaues Feld:**   Ziehe eine **Ereigniskarte.**

   ⇨ **Violettes Feld:** Du schenkst deinem Spielpartner eine deiner Karten.

   Wenn du eine Karte ziehst, die noch nicht bewertet wurde, füllst du die Kreise aus und erzählst, warum du den Gegenstand so bewertest.
3. Fahrt abwechselnd mit Würfeln und Vorrücken fort, bis der Sieger als Erster ins Ziel gelangt ist.
4. Am Ende des Spiels werden alle Bewertungen auf den Bildkarten wieder gelöscht.

Vorschläge für die Karten (Abbildungen)

Bravo-Hits CD	City-Roller	Mc Donalds /Burgerking
Playstation	Schminksachen	Mountainbike
Haustier/e	Markenkleidung	Fan-Artikel (Digimon, Simpsons, Fußball …)
Computer	Markenturnschuhe	
Handy	Inlineskater	Haarfärbemittel
Vergnügungspark	Sammelheft/e	Schmuck
Stereoanlage	Fernseher	Geldschein (50 EUR)
Pferd	Essen (Pizza/Pommes)	
Nintendo	DVD-Player	

Kopiervorlage für die Bildkarten im Schwitzkasten

○   ○   ○

○   ○   ○

○   ○   ○

○   ○   ○

○   ○   ○

○   ○   ○

Kopiervorlage für die Bildkarten im Schwitzkasten

Kopiervorlage für die Bildkarten

Ereigniskarten

Peter feiert Geburtstag und bekommt viele schöne Geschenke. In einem günstigen Augenblick nimmst du den neuesten Gameboy an dich.

Dein Spielpartner darf sich eine deiner wichtigsten Karten nehmen.

Du bist sehr stolz auf deine tolle neue Frisur und Haarfarbe. Für die anderen aus deiner Klasse hast du nur abfällige Blicke übrig.

Gehe zwei Felder zurück.

Eva und du gehen zusammen auf eine Faschingsparty. Du leihst Eva dafür dein heißgeliebtes Kostüm aus.

Ziehe eine Karte aus dem Schwitzkasten.

Du lädst Henry zu dir nach Hause ein und lässt ihn mit deinen teuren Power-Ranger-Figuren spielen.

Rücke zwei Felder vor.

Du hast deinem Kameraden schon vor Wochen ein Buch geliehen. Doch Herbert findet immer neue Ausreden, warum er es nicht zurückgibt.

Dein Spielpartner muss drei Felder zurück.

Du hörst gerne Musik. Als Kerstin dich darum bittet, ihr eine bestimmte CD zu leihen, weist du Kerstin grob zurück.

Setze einmal aus.

Du bist neidisch auf die nagelneuen Fußballschuhe von Thomas. Deshalb stellst du Thomas ein Bein und lachst laut über ihn.

Gehe zwei Felder zurück.

Stefanie ist eine begabte Turnerin. Als sie mehrere schöne Räder schlägt, klatschst du ihr Beifall und lobst sie.

Rücke zwei Felder vor oder sprich deinem Spielpartner ein Lob aus.

Petra hat ihren Malkasten zu Hause vergessen. Du bist gerne bereit, die Farben mit Petra zu teilen.

Rücke ein Feld vor.

Sven kommt aus einer armen Familie. Deshalb schenkt deine Mutter der Familie ab und zu einige schöne Kleidungsstücke von dir.

Ziehe eine Karte aus dem Schwitzkasten.

Kilian erzählt begeistert von einem Ausflug mit seiner Familie. Du erwiderst: „Ach, da war ich auch schon. Dort ist es doch langweilig."

Der Spielpartner darf ein Feld vorrücken.

Du siehst lieber fern anstatt deine Hausaufgaben zu erledigen. Vor dem Unterricht schreibst du daher oft von den Mitschülern ab.

Lege eine deiner wichtigsten Karten in den Schwitzkasten zurück.

Du bekommst von deinen Eltern jeden Wunsch erfüllt. Trotzdem bist du nicht froh, denn keiner aus der Klasse möchte mit dir befreundet sein.

Rücke zwei Felder vor oder nimm dir eine Karte aus dem Schwitzkasten.

Du möchtest mit Robert befreundet sein, doch der spielt immer mit Ralf. So erfindest du Lügen und machst Ralf vor den anderen schlecht.

Dein Spielpartner darf zweimal würfeln.

Du gehst gerne mit zum Einkaufen. Dabei überredest du deine Eltern geschickt, dir etwas zum Spielen zu kaufen, auch wenn du das Spielzeug nicht wirklich brauchst.

Setze einmal aus.

Du merkst, dass Theresia in den Pausen häufig alleine steht. Du überredest die anderen, Theresia mitspielen zu lassen.

Würfele noch einmal.

Du beneidest Susi um deren sprechenden Wellensittich. Weil Susi ihn nicht eintauschen will, lässt du den Vogel aus dem Fenster fliegen.

Tausche eine deiner wichtigsten Karten gegen eine unwichtige deines Spielpartners.

Udo leiht seinen Kameraden bereitwillig seine Nintendo-Spiele aus. Als du ihm eines zurückgibst, schenkst du Udo dafür zwei Karten mit deinen Lieblingsfußballspielern darauf.

Rücke ein Feld vor.

Du bemerkst, dass Anne bei einem Tauschgeschäft betrügen will. Deshalb stellst du Anne beherzt zur Rede.

Nimm deinem Partner eine wichtige Karte ab und gib eine dir gleich wichtige dafür.

Du befürchtest, dass deine Schulfreunde deine Spielsachen beschädigen könnten. Deshalb lädst du nie jemanden zu dir ein und verleihst auch nichts.

Dein Spielpartner darf sich eine deiner Karten nehmen.

Du möchtest dir einen City-Roller kaufen. Darum führst du gegen Bezahlung die Hunde der Nachbarn regelmäßig aus.

Würfele noch einmal.

Du bekommst das meiste Taschengeld. Doch du gibst damit nicht an, um Freunde zu gewinnen. Wenn du danach gefragt wirst, gibst du nur die Hälfte an.

Schenke dem Mitspieler eine deiner Karten.

Du hast für einen Basar fleißig gebastelt und malst dir aus, was du dir vom Erlös kaufst. Du beschließt, die Hälfte für Kinder in Not zu spenden.
Tausche zwei deiner Karten mit Karten aus dem Schwitzkasten oder rücke zwei Felder vor.

Bernd und du wollen Süßigkeiten kaufen. Doch weil Bernd nicht genug Geld dabei hat, leihst du ihm etwas.

Würfele noch einmal.

Spielplan

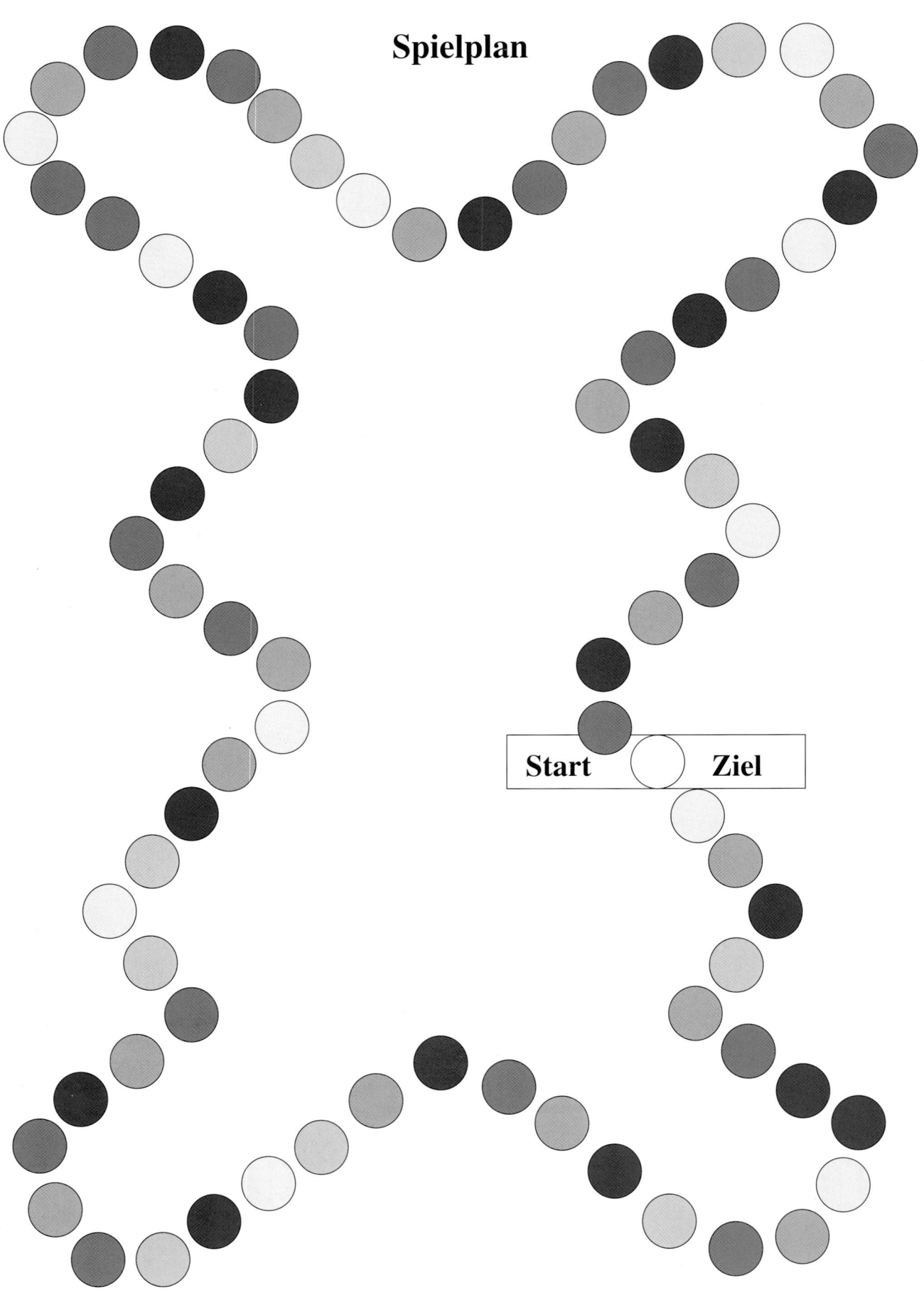

Start   Ziel

Spielplan

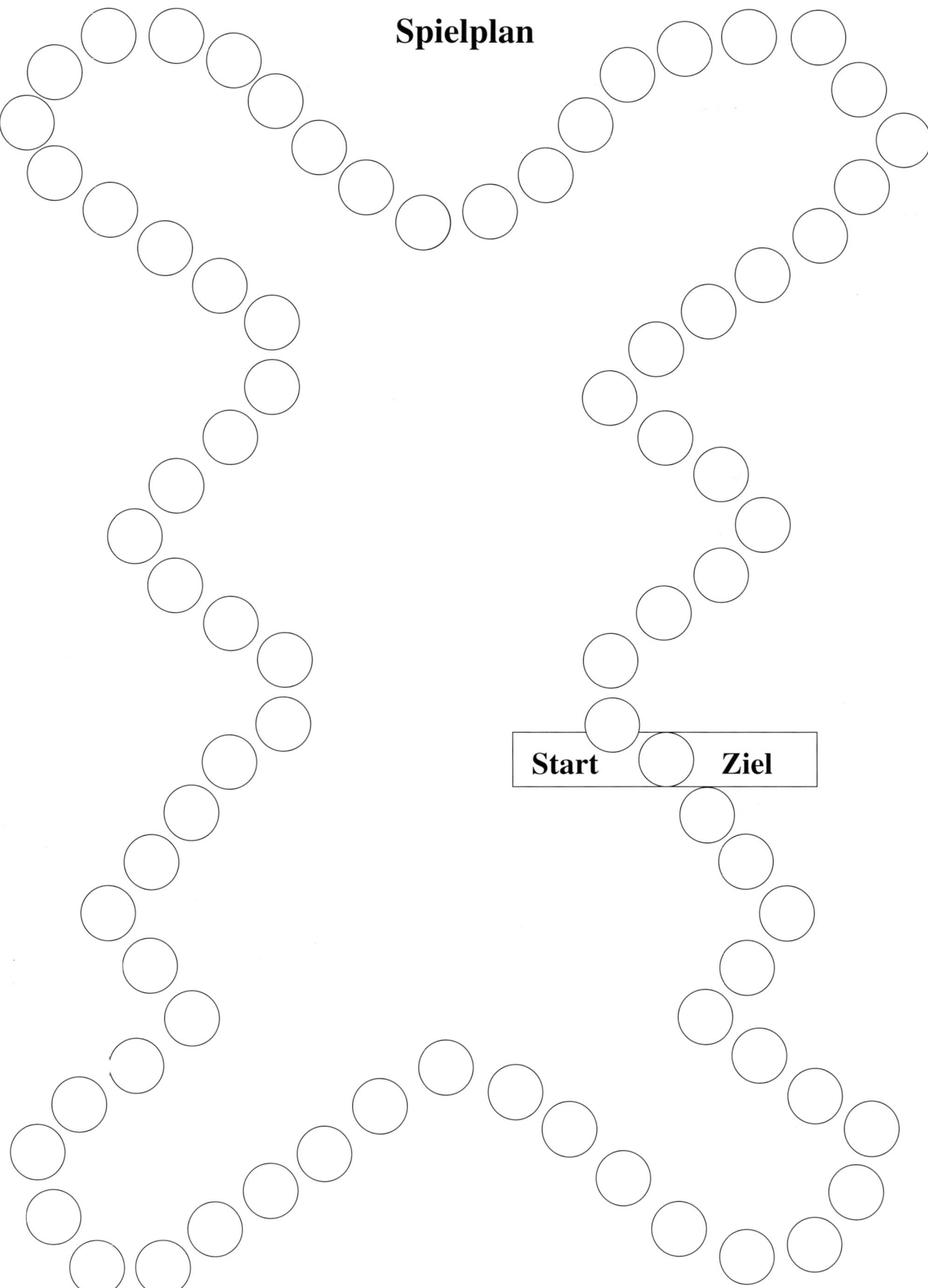

Station 13 | Kann man Gebote lieben?

Ausmalbild

 Darum geht's:

Kinder lieben ihre Eltern, auch wenn die Eltern nicht immer alles so machen, wie es die Kinder wollen. Kinder lieben ihre Geschwister, obwohl es manchmal Streit gibt. Schüler mögen ihre Klassenkameradinnen und Klassenkameraden, wenigstens einige. So weit, so gut. Menschen sollen einander lieben. Das ist bekannt, auch wenn es manchmal schwer fällt.

Aber wie ist es mit den Geboten? Gebote sind ein notwendiges Übel. Die muss man beachten, sonst gibt es Ärger. Am liebsten möchte man sie abschaffen. So denken viele.

Dass man über die Gebote auch anders denken kann, erfährst du an dieser Station.

 So kannst du vorgehen:

1. Schau dir das Bild, das bei der Station liegt, eine Weile an. Der Maler des Bildes heißt Ernst Alt. Er hat seinem Bild den Titel „Jude mit Tora" gegeben. Damit weißt du, was der Mann in seinen Händen hält: eine kostbare, mit Kronen und einem Umhang geschmückte Torarolle. Die Tora enthält alle jüdischen Gesetze und Vorschriften, auch die Zehn Gebote. Der Mann drückt die Schriftrolle zärtlich an sich und liebkost sie, ähnlich wie ein Vater sein Kind.
2. Breite die Kärtchen mit den Versen aus Psalm 119 vor dir aus und lies sie durch.
3. Überlege, welcher Psalmvers deiner Meinung nach am besten zu dem Bild passt.
4. Nimm nun das Ausmalbild und schreibe den Vers in der schönsten Schrift, die du hast, in das Ausmalbild hinein.
5. Male dann das Bild mit Farben deiner Wahl aus. Überlege, welche Farben am besten zu dem ausgewählten Satz und zu dem Bild passen.
6. Frage die Lehrerin/den Lehrer, ob er von dem Ernst-Alt-Bild einen Farbdruck hat. Dann kannst du ihn mit deinem Bild vergleichen. Vermutlich sieht dein Bild ganz anders aus. Aber wenn du dir die Farben gut überlegt hast, ist es genau so schön wie das Bild von Ernst Alt.
7. Hefte das Blatt in deine Freiarbeitsmappe.

 Das benötigst du:

- Bild von Ernst Alt „Jude mit Tora" als Schwarz-Weiß-Bild
- Kärtchen mit Versen aus Psalm 119
- Ausmalbild
- Malstifte, möglichst auch einen Goldstift

Ernst Alt: Jude mit Tora

Kopiervorlage für die Kärtchen mit Versen aus Psalm 119

Wohl denen, die seine Vorschriften befolgen und ihn suchen von ganzem Herzen. **Psalm 119,2**	Deinen Gesetzen will ich immer folgen. Lass mich doch niemals im Stich! **Psalm 119,8**	Gepriesen seist du, Herr. Lehre mich deine Gesetze! **Psalm 119,12**
Nach deinen Vorschriften zu leben, freut mich mehr als großer Besitz. **Psalm 119,14**	Ich habe meine Freude an deinen Gesetzen, dein Wort will ich nicht vergessen. **Psalm 119,16**	Öffne mir die Augen für das Wunderbare an deiner Weisung! **Psalm 119,18**
Deine Vorschriften machen mich froh; sie sind meine Berater. **Psalm 119,24**	Gib mir Einsicht, damit ich deiner Weisung folge und mich an sie halte aus ganzem Herzen. **Psalm 119,34**	An deinen Geboten habe ich meine Freude, ich liebe sie von Herzen. **Psalm 119,47**
Ich überdenke meine Wege, zu deinen Vorschriften lenke ich meine Schritte. **Psalm 119,59**	Die Weisung deines Mundes ist mir lieb, mehr als große Mengen von Gold und Silber. **Psalm 119,72**	Wie lieb ist mir deine Weisung; ich sinne über sie nach den ganzen Tag. **Psalm 119,97**
Ich wurde klüger als all meine Lehrer; denn über deine Vorschriften sinne ich nach. **Psalm 119,99**	Wie köstlich ist für meinen Gaumen deine Verheißung, süßer als Honig für meinen Mund. **Psalm 119,103**	Deine Vorschriften sind der Bewunderung wert; darum bewahrt sie mein Herz. **Psalm 119,129**

Ausmalbild

1. Schreibe den von dir ausgesuchten Psalmvers in der schönsten Schrift, die du hast, in das Ausmalbild hinein.
2. Male das Bild mit Farben deiner Wahl aus. Überlege, welche Farben am besten zu dem ausgewählten Satz und zu dem Bild passen.
3. Frage den Lehrer, ob er von dem Ernst-Alt-Bild einen Farbdruck hat. Dann kannst du ihn mit deinem Bild vergleichen. Vermutlich sieht dein Bild ganz anders aus. Aber wenn du dir die Farben gut überlegt hast, ist es genau so schön wie das Bild von Ernst Alt.
4. Hefte das Bild in deine Freiarbeitsmappe.

Station 14

☺

Dichterwerkstatt

Elfchen dichten

 Darum geht's:

Manche Schriftsteller schreiben ihre schönsten und wichtigsten Gedanken gerne als Gedichte auf. Wenn nun die Zehn Gebote für die Menschen so wichtig sind, könnte man eigentlich auch über sie Gedichte schreiben.

Das sollst du in dieser Station versuchen. Du lernst hier, wie es geht, ein Gedicht nur mit elf Wörtern zu schreiben. Solche Gedichte aus elf Worten nennt man „Elfchen".

So kannst du vorgehen:

1. Lies dir die Zehn Gebote durch und entscheide, zu welchem Gebot du ein Elfchen schreiben möchtest.
2. So geht ein Elfchen:
   - ⇨ Die 1. Zeile ist die Überschrift. Sie besteht nur aus einem Wort.
   - ⇨ Die 2. Zeile hat 4 Wörter.
   - ⇨ Die 3. Zeile hat 3 Wörter.
   - ⇨ Die 4. Zeile hat 2 Wörter.
   - ⇨ Die 5. Zeile hat 1 Wort.

> **Treue**
> Ich stehe einem bei.
> Ich bin treu.
> Du auch?
> Gut!

3. Ein Gedicht muss natürlich in besonders schöner Schrift geschrieben werden. Benutze dazu die Schreibfeder und die Tinte, die du bei der Station findest.
4. Wenn du dein Gedicht geschrieben hast, gehörst du zum Club der Elfchendichter. Nimm den Ausweis und fülle ihn aus. Lass ihn unterschreiben.
5. Hefte dein Elfchen und den Dichterausweis in deiner Mappe ab.
6. In der Abschlussrunde macht ihr in eurer Klasse eine Dichterlesung. Ihr könnt sie mit Kerzenlicht und Musik besonders schön gestalten.

 Das benötigst du:

- Blatt mit den Zehn Geboten auf 2 Tafeln
- Gedichte-Blatt
- Dichterausweis
- Schreibfeder und Tinte

4. Du sollst Vater und Mutter ehren!

5. Du sollst nicht morden!

6. Du sollst nicht die Ehe brechen!

7. Du sollst nicht stehlen!

8. Du sollst nicht falsch gegen deinen Nächsten aussagen!

9. Du sollst nicht begehren deines Nächsten Frau!

10. Du sollst nicht begehren deines Nächsten Hab und Gut!

1. Du sollst keine anderen Götter neben mir haben!

2. Du sollst den Namen Gottes nicht missbrauchen!

3. Gedenke, dass du den Sabbat heiligst!

Dieses Elfchen passt

zum _____. Gebot

Dichterausweis

Hiermit wird bescheinigt, dass der Inhaber dieses Ausweises ein Elfchen geschrieben hat.

Er wird mit sofortiger Wirkung in den Club der Elfchendichter aufgenommen.

_____

Name

_____

Klasse

_____   _____

Schule   Unterschrift des Lehrers und Siegel

Station 15 ☺ | Schmökerecke
In Ruhe lesen und malen

 Darum geht's:

Lesen ist wie Fernsehen im Kopf. Bei dieser Station kannst du das ausprobieren. Hier darfst du schmökern und dir eine Geschichte oder ein Buch zum Lesen aussuchen. Alle Geschichten und Bücher haben etwas mit den Zehn Geboten zu tun. Sie helfen dir die Gebote besser zu verstehen.

 So kannst du vorgehen:

1. Suche dir einen ruhigen Platz und wähle eine Geschichte oder ein Buch aus.
2. Eine Geschichte kannst du während der Stunde zu Ende lesen.
3. Wenn du dich für ein Buch entschieden hast, frage, ob du es zu Hause fertig lesen kannst.
4. Lies deine Geschichte in Ruhe durch und lass dich von deiner Umgebung nicht stören.
5. Überlege nach dem Lesen, was dich besonders beeindruckt hat. Male ein Bild dazu.
6. Hefte das Bild in deiner Freiarbeitsmappe ab oder befestige es an der Pinnwand.
7. Mit dem Bild kannst du die Geschichte deinen Mitschülern vorstellen. Vielleicht veranstaltet ihr auch eine kleine „Vernissage" (Eröffnung einer Ausstellung), wenn alle Bilder fertig sind.

 Das benötigst du:

- Eine Geschichte oder ein kleines Buch aus der Schmökerecke
- Papier und Farbstifte

Einzelgeschichten und kleine Bücher
Vorschläge für die Schmökerecke

Bücher mit Sammlung von Einzelgeschichten:

- Elfriede Prskawetz: Julia entdeckt die Zehn Gebote, Tyrolia Verlag, 2000
  In diesem Buch gibt es zu jedem Gebot eine abgeschlossene Geschichte
- Erzählbuch zum Glauben „Die Zehn Gebote". Hrsg. v. E. Conrad, K. Deßecker, H. Kaiser, Verlag Benzinger und Kaufmann 1983
  Auch in diesem Buch findet sich eine Fülle von Einzelgeschichten.
- Vorlesebücher RELIGION. Hrsg. v. S. Steinwede und S. Ruprecht, Verlag Kaufmann/Vandenhoeck/Patmos/TVZ 1988

Vorlesebuch 1:

⇨ S. 32 Wenn ich einmal eine Tochter habe (Einsichtigkeit von Geboten)
⇨ S. 62 Der Freund (Achtung vor dem Leben)
⇨ S. 67 Vom goldenen Apfel (Lüge)
⇨ S. 69 Die Apfelsinen (Diebstahl)
⇨ S. 236 Im Warenhaus (Diebstahl)
⇨ S. 247 Künzelmann und sein böser Nachbar (Verleumdung)

Vorlesebuch 2:

⇨ S. 42 Wenn (Eltern)
⇨ S. 208 Gott kennen (Gottesbild)

Vorlesebuch 3:

⇨ S. 86 Ein ganz gewöhnlicher Sonntag (Sonntagsgebot)
⇨ S. 104 Das Kapuzenmäntelchen (Töten mit Worten)

Neues Vorlesebuch 2

⇨ S. 386 Tante Ogottchen (Namen Gottes missbrauchen)

Kleine Einzelbücher:

- Bodo Meier-Böhme: Der verlorene Sonntag, Calwer Taschenbibiliothek 80, 1999
- Leo Lionni: Das gehört mir, Middelhauve Verlag 1996

In der Regel können diese Bücher in den örtlichen Büchereien bzw. Medienstellen ausgeliehen werden.

Abschluss-stunde

Unsere Klasse schließt einen Bund

 ## Darum geht's:

Freiarbeit braucht einen guten Anfang, sie braucht fantasievolle Stationen, sie braucht regelmäßige Zwischenauswertungen, sie braucht aber auch einen guten Abschluss, der allen Beteiligten das Gefühl gibt, etwas Gutes und Sinnvolles geschafft zu haben. Außerdem sollte versucht werden, die Freiarbeit für die Atmosphäre in der Klasse und für das Verhalten der Schüler/innen untereinander fruchtbar werden zu lassen. Diesen Zielen dient die Abschlussstunde.

Weitergehen könnte die Arbeit an den Zehn Geboten auch dadurch, dass die Ergebnisse in einer überlegten Form präsentiert werden. Anregungen dazu finden sich im Planungsraster auf Seite 14f.

 ## So könnten Sie vorgehen:

Die Schüler/innen – vielleicht auch die Lehrerin/der Lehrer – haben bei der Pflichtstation 7 das so genannte Bundesblatt gestaltet. So ist es möglich, die Arbeit an den Stationen in Form eines **Bundesschlusses** abzuschließen.

1. Die Bundesblätter werden an den markierten Stellen gelocht.
2. Ein Seil wird durch die beiden Löcher aller Blätter hindurch gezogen, am Ende verknotet und als Kreis auf den Boden gelegt. So ist schon vom Äußeren her ein „Bund" erkennbar.
3. Die Schüler/innen suchen ihr eigenes Bundesblatt und stellen sich dahinter zu einem Kreis auf.
4. Auf ein verabredetes Zeichen hin nehmen alle das Seil in die Hand und heben es hoch. Alle achten darauf, dass sich ein schöner Kreis bildet.
5. Jeder liest vor, an welches Versprechen er sich in Zukunft halten möchte. Die Lehrerin/der Lehrer bespricht mit den Schülern das Zeichen des Kreises, der zu einem Bund der Klassengemeinschaft geworden ist.
6. Die Zehn Gebote in Form der zusammengelegten (Ton)Puzzleteile der 1. Einführungsstunde werden in die Mitte gelegt. L bespricht mit den Schülern den Zusammenhang zwischen Geboten und Bundesblättern.
7. Eine Kerze wird entzündet als Zeichen für Gottes Anwesenheit, der den Klassenbund segnet.
8. Zum Abschluss singen alle das Lied „Miteinander sprechen".
9. Zur Erinnerung wird das Seil mit den Bundesblättern an der Wand oder an der Decke des Klassenzimmers angebracht.

 ## Das wird benötigt:

- Bundesblätter
- Löcher
- Seil – z.B. Wäscheleine, möglichst aus Naturmaterialien
- zerbrochene Tonscherben oder zerschnittene Papierteile mit den Zehn Geboten (vgl. Kopiervorlage bei der 1. Einführungsstunde)
- Kerze
- Liedblatt „Miteinander sprechen"

Lied: Miteinander sprechen

Miteinander sprechen

2. Miteinander lachen
   ist besser als verkrachen. Miteinander danken
   ist besser als sich zanken. Miteinander essen
   lässt manchen Streit vergessen. Miteinander lachen
   ist besser als verkrachen.

3. Miteinander singen
   ist besser als zu ringen. Eine Brücke bauen
   ist besser als zu hauen. Sich versöhnen lassen
   ist besser als zu hassen. Miteinander singen
   ist besser als zu ringen.

4. Wenn wir uns vertragen –
   braucht keiner sich zu schlagen, sich nicht zu bekriegen
   und nicht im Kampf zu siegen. Und es gibt ab heute
   dann viel mehr frohe Leute. Lass es uns mal wagen
   und uns heut gut vertragen.

T: Rolf Krenzer
M: Peter Janssens
Aus: Ich schenk dir einen Sonnenstrahl. Telgte/Westfalen: Peter Janssens Musik Verlag 1985

Lösungsblätter

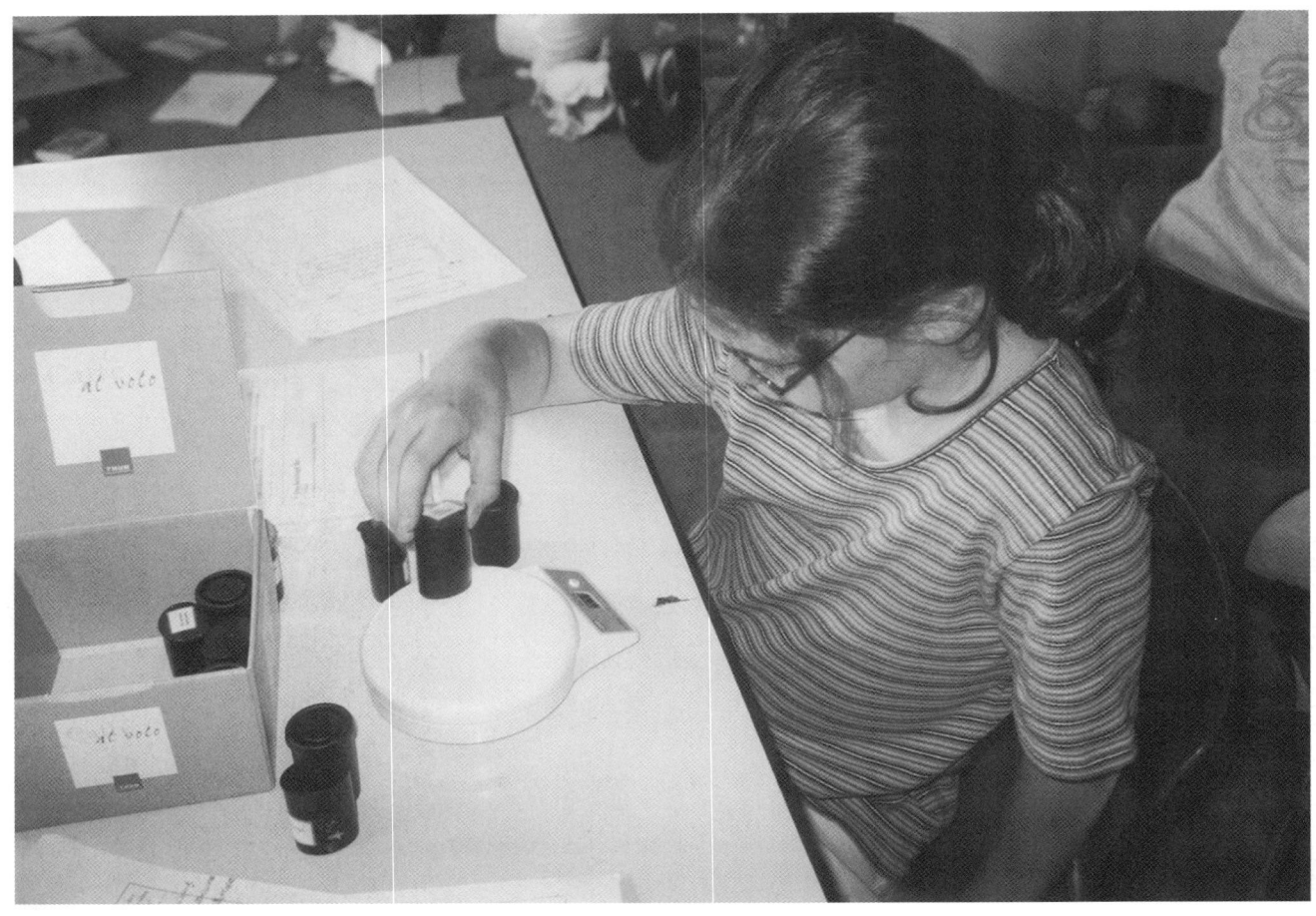

Station 3	Versteckte Gebote
	Legespiel mit Holzklötzchen
	Lösung

Beispiele für die Missachtung der Gebote	Die Zehn Gebote	Beispiele für die Erfüllung der Gebote
„Das Wichtigste auf der Welt ist, viel Geld zu haben."	**1. Gebot** Du sollst keine anderen Götter neben mir haben!	„Gott ist mir das Wichtigste auf der Welt."
„Himmel, Herrgott, Sakrament!"	**2. Gebot** Du sollst den Namen Gottes nicht missbrauchen!	„Beim Namen Gottes denke ich an etwas Schönes."
„Heute, am Sonntag, will ich ausschlafen!"	**3. Gebot** Gedenke, dass du den Sabbat heiligst!	„Ich gehe am Sonntag in die Kirche und danke Gott für die Woche."
„Meine Eltern können mir gestohlen bleiben."	**4. Gebot** Du sollst Vater und Mutter ehren!	„Ich finde meine Eltern toll."

„Der gehört erschlagen."	**5. Gebot** Du sollst nicht morden!	„Ich sorge täglich für mein Meerschweinchen."
„Ich liebe dich nicht mehr und halte nicht mehr zu dir."	**6. Gebot** Du sollst nicht die Ehe brechen!	„Ich will bei dir bleiben."
„Diese CD habe ich aus dem Kaufhof mitgehen lassen."	**7. Gebot** Du sollst nicht stehlen!	„Ich habe einen Kuli gefunden. Gehört er dir?"
„Hau ab, du Blödmann – du dumme Kuh!"	**8. Gebot** Du sollst nicht falsch gegen deinen Nächsten aussagen!	„Die Meike/Der Olli ist echt super!"
„Die Freundin von meinem Bruder mag ich lieber als dich!"	**9. Gebot** Du sollst nicht begehren deines Nächsten Frau!	„Ich bin froh, dass ihr zusammen gehört."
„Den Computer von meinem Freund muss ich auch haben!"	**10. Gebot** Du sollst nicht begehren deines Nächsten Hab und Gut!	„Ich finde schön, dass du so einen tollen Computer hast."

Station 6

Die goldene Regel
Gleichgewichtstraining mit einer Waage
Lösung

Das erwarte ich von anderen	**Das tue ich**
Ich erwarte, dass andere freundlich zu mir sind.	Ich gebe Acht auf das, was anderen gehört.
Andere sollen mir nicht weh tun.	Ich stehe zu dem, was ich falsch gemacht habe, und mache es wieder gut.
Niemand soll meine Sachen beschädigen.	Ich gehe gut mit anderen um.
Niemand soll bei anderen über mich lästern.	Ich nehme mir Zeit für Gott, besonders am Sonntag.
Ich erwarte, dass andere mir zuhören.	Ich liebe meine Eltern und helfe ihnen.
Wer mir einen Schaden zufügt, soll es zugeben und den Schaden wieder gut machen.	Ich gebe anderen das, was ihnen zusteht.
Ich möchte nicht, dass andere sich über mich lustig machen.	Ich helfe anderen, wenn sie in Not sind.
Ich möchte etwas von der Nähe Gottes spüren können.	Ich rede nicht schlecht über andere.
Ich möchte, dass meine Eltern für mich da sind.	Ich lasse andere ausreden
Ich erwarte, dass andere mich nicht im Stich lassen.	Ich bleibe bei der Wahrheit.
Ich möchte nicht benachteiligt werden.	Ich verletze niemanden.
Andere sollen ehrlich zu mir sein und mich nicht anlügen.	Ich vermeide Schimpfwörter und Hänseleien.

Hefte dieses Blatt in deine Stationenmappe!

Station 9

Der Sonntagsreporter

Befragung und Bastelarbeit

Lösung

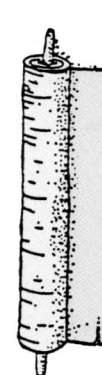

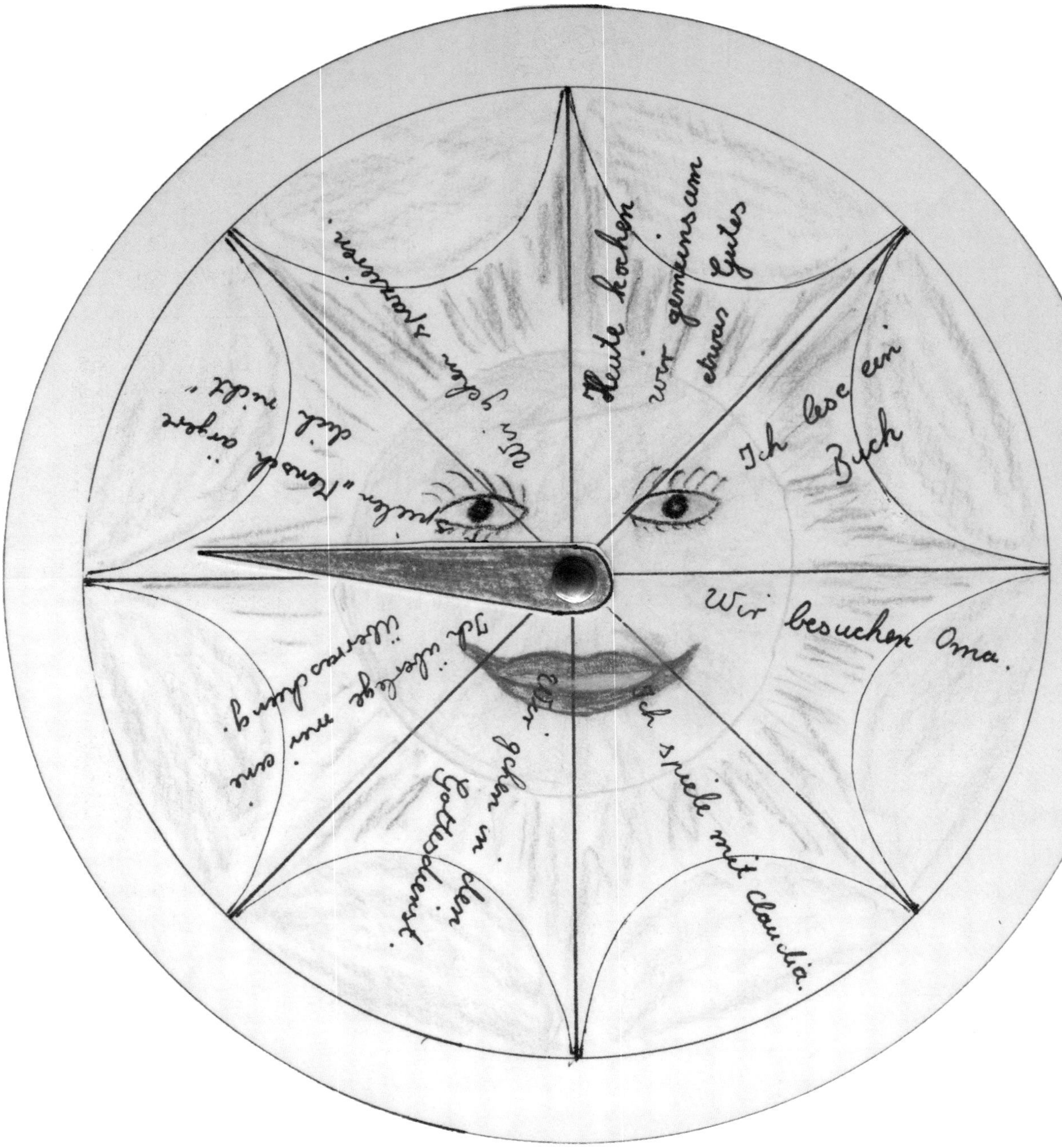

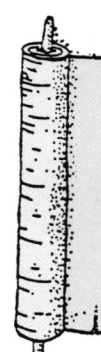

1. Du sollst keine anderen Götter neben mir haben!

2. Du sollst den Namen Gottes nicht missbrauchen!

3. Gedenke, dass du den Sabbat heiligst!

4. Du sollst Vater und Mutter ehren!

5. Du sollst nicht morden!

6. Du sollst nicht die Ehe brechen!

7. Du sollst nicht stehlen!

8. Du sollst nicht falsch gegen deinen Nächsten aussagen!

9. Du sollst nicht begehren deines Nächsten Frau!

10. Du sollst nicht begehren deines Nächsten Hab und Gut!

Zu guter Letzt – ein Gebote-Quiz

Warum zerstörte Mose die Gebotstafeln?
  Weil die Israeliten sowieso nicht lesen konnten.
  Weil er wütend war über die Undankbarkeit der Israeliten.
  Weil sie zu schwer waren und er sie lieber auf Pergament aufschreiben wollte.

Weil er wütend war über die Undankbarkeit der Israeliten.

Wie lautet nach Jesu Meinung das wichtigste Gebot?
  Du sollst nicht töten.
  Du sollst den Herrn, deinen Gott, lieben von ganzem Herzen und deinen Nächsten sollst du lieben wie dich selbst.
  Du sollst Vater und Mutter ehren.

Du sollst den Herrn, deinen Gott, lieben von ganzem Herzen und deinen Nächsten sollst du lieben wie dich selbst.

Warum soll man gerade am Sonntag einen Ruhetag einlegen?
  Weil da schulfrei ist.
  Weil die Geschäfte sowieso geschlossen haben.
  Weil Gott „am siebten Tag der Schöpfung ruhte“.

Weil Gott „am siebten Tag der Schöpfung ruhte“.

Wie lautet die goldene Regel?
  Lass dich nicht erwischen!
  Was du nicht willst, das man dir tu, das füg auch keinem anderen zu.
  Alles, was ihr von anderen erwartet, das tut auch ihnen.

Alles, was ihr von anderen erwartet, das tut auch ihnen.

Was bedeutet „einen Bund schließen“?
  Einen Bund Blumen zu einem Strauß binden.
  Sich miteinander anfreunden.
  Versprechen, dass man zusammengehört und sich aufeinander verlassen kann.

Versprechen, dass man zusammengehört und sich aufeinander verlassen kann.

Was soll das achte Gebot schützen?
    Das Eigentum
    Die Wahrheit
    Die Familie
	Dass man nicht lügt.

Was schützt das fünfte Gebot?
    Das Eigentum
    Das menschliche Leben
    Die Grenzen zwischen den Ländern.
	Das menschliche Leben

Was ist nicht im Sinne des 7. Gebotes?
    Ladendiebstahl
    Pausenbrote tauschen
    Hausaufgaben vergessen
	Ladendiebstahl

Wie lautet das 10 Gebot?
    Du sollst nicht das Grundstück deines Nächsten begehen.
    Du sollst dein Hab und Gut vermehren.
    Du sollst nicht begehren deines Nächsten Hab und Gut.
	Du sollst nicht begehren deines Nächsten Hab und Gut.

Was war das goldene Kalb?
    Ein wertvoller Preis für Viehzüchter im alten Ägypten
    Eine goldene Figur zur Erinnerung an den Auszug aus Ägypten.
    Ein Statue, die die Israeliten eine Zeit lang als Gott verehrten.
	Ein Statue, die die Israeliten eine Zeit lang als Gott verehrten.

Was sollte man am Sonntag möglichst nicht tun?
    den Gottesdienst besuchen
    sich ausruhen
    Auto waschen
	Auto waschen

Wieviele Gebote stehen auf der 2. Tafel der Zehn Gebote? 5 Gebote 7 Gebote 3 Gebote	*7 Gebote*
Wie lautet das 5. Gebot? Du sollst stehlen Du sollst nicht töten. Du sollst lernen.	*Du sollst nicht töten.*
Wie heiß der Bruder des Mose? Ansgar Ahasvar Aaron	*Aaron*
Welches Gebot passt nicht zu den anderen? Du sollst keine anderen Göttes neben mir haben. Du sollst den Namen deines Gottes nicht missbrauchen. Du sollst nicht töten.	*Du sollst nicht töten.* *(Denn dieses Gebot sagt etwas über Menschen aus und nicht über Gott)*
Welches Gebot passt nicht zu den anderen? Du sollst nicht stehlen. Du sollst Vater und Mutter ehren. Du sollst nicht begehren deines Nächsten Hab und Gut.	*Du sollst Vater und Mutter ehren.*
Welches Gebot passt nicht zu den anderen? Du sollst nicht falsch gegen deinen Nächsten aussagen. Du sollst nicht begehren deines Nächsten Frau. Du sollst nicht die Ehe brechen.	*Du sollst nicht falsch gegen deinen Nächsten aussagen.* *(Denn es sagt nichts über Partnerschaft und Ehe zweier Menschen aus.)*

Warum sollen sich die Israeliten an die Gebote halten?
 	
    Weil die anderen Völker auch solche Gebote haben.
    Weil es sonst Chaos unter den Menschen gibt.
    Weil Gott ihr Befreier ist.
	Weil Gott ihr Befreier ist.

Moses hatte die zwei Gebotetafeln aus Wut über sein Volk zerschmettert. Wie bekam er neue?
 	
    Es setzte sie wieder zusammen
    Er schrieb sie aus dem Gedächtnis auf Pergament neu auf.
    Er fertigte zwei neue Tafeln an und Gott schrieb darauf ein zweites Mal die Zehn Gebote.
	Er fertigte zwei neue Tafeln an und Gott schrieb darauf ein zweites Mal die Zehn Gebote.

Auf welchem Berg erhielt Moses die Zehn Gebote?
    Horeb
    Himalaja
    Sinai
	Sinai

Wie lange blieb Mose auf dem Berg Sinai?
    eine Woche
    40 Wochen
    40 Tage und Nächte
	40 Tage und Nächte

Woher kommt es, dass unsere Woche in 7 Tage eingeteilt ist?
 	
    Die Gewerkschaften haben jeden siebten Tag als freien Tag ausgehandelt
    Die Sieben ist eine Glückszahl
    Die Bibel erzählt wie Gott an sieben Tagen die Welt erschaffen hat.
	Die Bibel erzählt wie Gott an sieben Tagen die Welt erschaffen hat.

Die Juden nennen den siebten Tag Sabbat. Übersetzt heißt Sabbat:
    Unterbrechung
    Freier Tag
    Sonntag
	Unterbrechung

An welchem Wochentag feiern die Juden Sabbat?
    Am Freitag
    Am Samstag
    Am Sonntag
	Am Samstag

Warum ist für Christen der Sonntag der heilige Tag der Woche?
    Die Christen wollen an einem anderen Tag feiern als die Juden.
    Weil Jesus am ersten Tag der Woche, unserem heutigen Sonntag, auferstanden ist.
    Weil die Christen auch einen freien Tag haben wollen.
	Weil Jesus am ersten Tag der Woche, unserem heutigen Sonntag, auferstanden ist.

Woran erinnern sich die Juden beim Paschamahl?
    Sie erinnern sich daran, was es beim letzten Mal zu Essen gegeben hat.
    An alles, was im letzten Jahr passiert ist.
    An den Auszug aus Ägypten
	An den Auszug aus Ägypten

In welchem Teil der Bibel stehen die Zehn Gebote?
    Im Inhaltsverzeichnis
    Im Neuen Testament
    Im Alten Testament
	Im Alten Testament

Wie hieß das Volk, dem Mose die Zehn Gebote brachte?
    Israeliten
    Christen
    Ägypter
	Israeliten

Wie erhielt Mose die Zehn Gebote?
    Sie wurden ihm von einem Engel namens Gabriel überreicht.
    Er bekam sie eingeflüstert und meißelte die Worte auf Steintafeln.
    Gott gab ihm die Zehn Gebote.
	Gott gab ihm die Zehn Gebote.

Was schützt das fünfte Gebot?
    Das Leben
    Die Wahrheit
    Die Autos
	Das Leben

Aus welchem Material waren die Gesetzestafeln?
    Holz
    Stein
    Metall
	Stein

Bei welcher Aussage wird das 1. Gebot missachtet?
    Mir ist wichtig, dass ich meinem Freund vertrauen kann.
    Ein Freund soll sich auf mich verlassen können.
    Zu meinen Freunden kann nur ein guter Sportler gehören.
	Zu meinen Freunden kann nur ein guter Sportler gehören.

Welcher Satz passt zum 5. Gebot?
    Ich pflege mein Haustier.
    Ich pflege meine Hobbys.
    Ich pflege ausgeliehene Sachen.
	Ich pflege mein Haustier.

Wie werden die Israeliten noch genannt?
    Hetiter
    Hebräer
    Hellenen
	Hebräer

Wie wird das 7. Gebot erfüllt?
    Ich leihe anderen gerne etwas aus.
    Ich gehe mit geliehenen Dingen sorgfältig um.
    Ich bin neidisch auf andere.
	Ich gehe mit geliehenen Dingen sorgfältig um.

Welches Verhalten passt nicht zum 5. Gebot?
   Ich halte die Natur sauber.
   Ich bleibe bei der Wahrheit.
   Ich lasse jemanden im Stich.

Ich bleibe bei der Wahrheit.

Tolle Spiele für Ihren Religionsunterricht!

Topaktuelle Materialien für Ihren Unterricht